阳明心能源

三十岁后，还能做什么？

水姐 著

中国出版集团 東方出版中心

心血浇灌出的生命之花

秦　朔

水姐新书《阳明心能源》即将面世，嘱我写几句话。

她是用生命连接生命去写作的。从 2020 年开始写《中年好友苏东坡》时，提出“低耗能，高感性”的东坡心力，超前地提倡治愈式创造，创造性治愈；然后是 2023 年写《苏东坡万有应用商店》，提出“心智自由，随物赋形”，开始从治愈意识转向建构哲学。然后是这本书，本书最大的特色就是从苏东坡写到王阳明。提出王阳明心能源，更加聚焦于心力内核，找源头找动能。她围绕生命动力、心力，一直孜孜以求。

水姐自陈，苏东坡，人生内含儒释道集大成的水哲学，以及有了水系般的百科全书派的应用；王阳明，则是儒释道集大成的 2.0 版本，形成了系统的心学理论，让更多人有理论和经验的倚靠。本书是“用全新的视角理解王阳明心学的现代精神能源”。阳明其人其学是基本线索，目的则是给当代人提供精神能源。因此，全书实际是以当代人的命运、需求、困境与出路作为场景，从王阳明一生的精进创造中获得比照对应的觉悟。精神感染、精神迁移、精神超越，便是她提倡的古为今用。

读完感到，只要有一些人生阅历和感悟的人，只要在人生之路上对意义与价值有过求索的人，都可以从中获得启示和喜悦。

阳明心学的研究汗牛充栋，水姐更多是将其作为“中国特有的人生塑造和超越的美学”来看待。如果说朱子哲学强调的是心体的“虚明”，把心之本体作为认知的主体，心的主要活动是“格物致知”；阳明心学强调的是心体的“至善”，把心之本体作为道德的主体，心的主要活动是“致良知”。“致”的方法则是“知行合一”，即践行道德之“知”。

“知行合一”如何具体展开？水姐指出了三个更确切的步骤：一是实化，即人要不断探索，保持研究，保持认识，保持运用和实验，让内心的发动在外界有实效、实证、实绩；二是流行，即将个人的感情流动好好沉淀下来品味、把握、研究，用“作品心态”“创造感”活着；三是去蔽，即时刻清库存，除杂质，克服很多私欲和负能量。

我赞同水姐的立意和路径。即心即理，知行合一、万物一体、一念起便是行、去蔽、致良知、四句教等，乃是同一件事，同一个生命过程。她提出了“无—行—知—有”，揭示从无到有的创新圆融逻辑，又提出了“0—1——一—N”的创新的内核构建的关键步骤。

王阳明曾说，“吾平生讲学，只是致良知三字，无诚爱恻怛之心，亦无良知可致矣”。这种“诚爱恻怛之心”，就是万物一体的仁心。他讲过：“譬如无故坏一木、碎一石，此心恻然顾惜，便见良知同体。及乎私欲锢蔽，虽拆人房舍、掘人家墓，犹恬然不知痛痒，此是失其本心。”

木头石头虽然无知无情，但你看到一木一石被无故毁坏，生出了不忍之心，良知就与万物一体了（“是其仁之与瓦石而为一体也”）。当然，要做到这一点很难，因为私欲的障碍和窒塞，会让本来像渊泉一样无穷无尽的心失去本真。

存在主义哲学奠基人克尔凯郭尔曾比喻说，人生就像醉酒的农夫驾着马车回家，表面看是农夫驾车，实际是老马拖着农夫回家。因为农夫没有清醒的自我意识，幸好老马识途，才把农夫拖回了家。

人生常常处于昏睡之中，但要真正找到“家”，靠的不是老马，而是个人的清醒和行动。在真实的矛盾、痛苦、探索中，实现自我的超越。水姐自身就是一个实践者，她多维度地给自己设定目标，把从阳明心学中的体悟运用在个人的生活和创造中，发扬光大，释放潜能，绽放快乐之花。本书因为融入了水姐个人的心血和生命体验，所以写得激情饱满，有血有肉。

生命像矿藏一样需要冶炼和萃取，这是一个提炼、精炼的过程。希望水姐借助阳明心学对于生命之道的提炼，能助力广大读者收获奇妙的新思与新生。

目　录

三、花

四、月

五、镜

六、窍

七、梦

八、乐、美

九、致

十、日

一　洞

洞序

抬眼是山，脚边是水，是我们江南丘陵地带长大的人感性思维的自然背景色。

这几年，我在面对较大问题的时候，会不由自主地去故乡绍兴宛委山上的阳明洞天，看山看水，看那块留有白居易（772 年—846 年）、元稹（779 年—831 年）、贺知章（约 659 年—约 744 年）、王阳明（1472 年 10 月 31 日—1529 年 1 月 9 日）等人痕迹的巨石。一千多年来，它一直在。

山在，水在，石在，心在，天地间的那一点灵明，是永恒的。人需要一处安心地，直连心脉。

我一直在其间探索，想把探索的路，展现给你。

邀请你一起走走吧。走一段不太一样的路。

路上，先出现了苏东坡。这大概是跟我一起走的特别之处。

明代大书画家董其昌说，阳明心学“其非出于苏，而血脉则苏也”。我的生命意识，也驱动我探索苏东坡和王阳明的深层关系。

苏东坡和王阳明的人生都面临过至暗时刻，三四十岁时甚至经历过生死劫。

苏东坡，人生内含儒释道集大成的水哲学，以及有了水系般的百科全书派的应用。

王阳明，则是儒释道集大成的 2.0 版本，形成了系统的心学理论，让更多人有理论和经验的倚靠，每个人都可以成为“王阳明”。

五百多年来，研究心学的人很多，我凭借精神生命探索自驱，八九年间，一直研究苏东坡、王阳明与两者间的联系，以及其对现代人精神的意义。古人不朽，因为其精神就在我们的生活之中。

我常想象，跟着他们漫步在这山水之间。

苏东坡说："阴阳一交而生物，其始为水。水者，有无之际也。始离于无而人于有矣。老子识之，故其言曰'上善若水'，又曰'水几于道'。"

他的水之能，不仅是"有无之际"的"分"，更是"离无入有"的"合"。

你可以想象一个阴阳太极图，他看中的是最外面的那个圈，完整、合一、自洽。任何事情，好的坏的，顺的逆的，悲的喜的，都是有无之间的创造性，是"也无风雨也无晴"，是儒释道集大成之后的旷达之心，儒家、道家共用太极阴阳思维（比如太极图，最初是道教的陈抟画于华山壁，随后是宋儒周敦颐写《太极图说》），其实就类似于佛教有无分别的空性。道是一体的，阴阳辩证，有无共空，随时互转，殊途同归，大道湛一。

胸有成竹，我手写我心，心物合一，随物赋形。这股心的运动，是心智和心力的自由，遇到什么样的人生场景，都知道该怎么办，像水一样，注入“我心”的随物赋形，圆融无碍，就是苏东坡的人生形态。

他“志在行其所学”，这股水系，有源头，有主流支流，水系脉络发达，万有应用，百科全书。我们学其一脉，便有了自愈自得的生活。

苏东坡提倡“无心”说，“战于内”，去蔽。而王阳明，强调拔本塞源、克私去蔽，晚年提出的“四句教”之首，就是“无善无恶心之体”，他也是“无心”，但着重了去蔽之后的——“光明”。

所以，我花了近八年的时间，想通了两者之间的哲学联系。等我慢慢讲给你听。

我一直在想，我们一直说的心物合一、知行合一，究竟是怎么合一的？

集大成者究竟如何“和合凝集”自己的心，在巨大的挑战、压力、困惑、无力面前，冲破它，超越它，凝练它？

我去觉知苏东坡思维体系的时候，用的第一个词，就是杖。

人生路，来自哪里，将去往何处？

杖即精神，杖即自我，杖就是核。

孔子和颜渊也用杖，子谓颜渊，“用之则行，舍之则藏，唯我与尔有是夫”。有才有德有能的人千千万，一生安贫乐道、一以贯之行道的人，是稀少的。

行走中的苏东坡，“倚杖听江声”，“竹杖芒鞋轻胜马”，志在行其所学。

人都是要发现自我的，杖是那个天地之间能够顶天立地，经历人生制高点和至暗之间，能够挺立起来的坚固自我，就像澎湃汹涌的大海里的定海神针。

而要写王阳明，我第一个想到的词，是洞。

爬坡下坡都有杖，寻找光明先遇洞。

阳明洞天，龙场悟道，你看，都是洞。洞里是矿，是宝藏，是虚空，是幽暗里的光，也是重生的能量。

《淮南子・天训》说："天地未形，冯冯翼翼，洞洞灟灟，故曰太昭。"洞，宇宙的原始。老子说："归根曰静，静曰复命。复命曰常，知常曰明。"心回到静，回到本初，是复生的基础，盛极而衰，衰极而复，生命力最强的时刻来了。

好了，我们一起进这个洞吧。

你会了解他三十七岁之前的所有探索，哦，原来人可以从十一岁就有思想，有对内心世界的观照，有思维方式的训练，然后用了二十六年时间，在不断地寻找、否定、矛盾、失落、劫数、重生、悟道中，终于塑造成自己独特的核心哲学，随后又不断完善了二十一年……

(一) 黑洞宝藏

只有走入深渊之中，我们才能重新发现生命的宝藏。你跌倒的地方，正是你的宝藏所在。你恐惧进入的洞穴反而是你所寻找事物的来源。洞穴中如此令人害怕的可憎事物，反而成为你生命的中心。

It is by going down into the abyss that we recover the treasures of life. Where you stumble, there lies your treasure. The very cave you are afraid to enter turns out to be the source of what you are looking for. The damned thing in the cave that was so dreaded has become the center.

——神话学大师约瑟夫·坎贝尔

根据《阳明先生年谱》所载，阳明洞天里，他有了小悟："闲观物态皆生意，静悟天机入窅冥。道在险夷随地乐，心忘鱼鸟自流行。"这大概发生在他三十一岁前后。而龙场悟道"圣人之道，吾性自足，向之求理于事物者误也"，发生在他三十七岁前后。

比较明显的是，一个是道家的小悟，一个是融合了儒释道的大悟。

他追求的就是悟自己的道！每个人都有自己独特的人生之旅，各种内外部的不调和，其实都是我们的悟道入口。这两个年龄，我们现代人的精神需求也会陡升。

有精神追求的人到了后来，一路向上的"精神内容"就是要有自己的原创语言体系、心理底蕴、知识结构、哲学理论、底层逻辑、终极思考等等。

无论生死，都要有光。

明确地悟出让自己不再迷惑困顿、可以持续勇猛精进的思想体系来，才能让自己真的快乐，也能让别人快乐。这就是王阳明不朽的价值。

他三十七岁之前的人生，充满了内心的矛盾和困惑，以及外境的损害和限制。生命其实是一场突围，突围之后，不是成功的巅峰，而是英雄的不朽。

首先要突围的，好好面对的，是自己的心！

从人类历史上来看，洞穴本身就代表创造。原始智人就是从洞里走出来，变成现代人的。

我们谈起一位闻名世界的神话学大师约瑟夫·坎贝尔。他一辈子都在研究全世界各地的神话，影响好莱坞帝国的英雄剧情叙事，是乔治·卢卡斯、詹姆斯·卡梅隆等名导的偶像。

自从我三十一岁开始研究王阳明以来，渐渐发现，心学的渗透性、结合力、对应力，很强。古今中西，都有映照，我喜欢多打通一些生命意识的宝石般的网。

心外无物也不一定要框定在玄学、修行等方向上。它可以是一种处处可见的对应和日常，随着研究越深越能够发现，这个精神宝石网闪耀的节点越多，让我们现代人的量子观越确切。

坎贝尔说的“洞穴中如此令人害怕的可憎事物，反而成为你生命的中心”，洞穴里藏着宝藏，用以形容王阳明的龙场悟道，有着天衣无缝的贴切，古今中外，如此巧合。

全世界都没有这样一个人，有这样明确的“洞穴创造时刻”。

坎贝尔和王阳明，充满理论创造性的现代人和古人，他们形容场景、词语、寓意、哲理、意义，那么确切、精准地匹配！

我们每个人都有至暗时刻，都有黑洞时刻。也许，你跌倒的地方就是你的宝藏所在，你恐惧进入的洞穴反而是你所寻找的源头。

生命就是出走寻找意义，归来寻找源头。

全世界的人，各个时代的人的共同语言，是心，是核心，是生，是生活。

大家只有人文心和叙事心，才会相通，道终究是要转化成生活的。某种程度上，人的内心是最大的世界，比海洋、天空更辽阔的是灵魂的深处。

我们曾经忽略了那么久的内心的洞，虚空，其实有一个丰盛的世界，科学地重审它是如此必要。你一旦意识到，就获得了一种越使用越轻松的能量，而且源源不断，你不断修，不断养，不断扬，不断向上……

（二）英雄之旅

十五志于学，三十而立，四十不惑，五十知天命”，最了解时间的哲学家、人生设计者，是孔子。他说，十五岁需要立志，五十岁才能知天命，这个过程要持续三十五年，古人说一世是三十年，这本就是一辈子的事儿。

儒释道，其实都是心的事儿，儒志是“士心”，有理论和哲学沉淀的心；佛愿是“原心”，回到原点，宇宙慈悲；道忘是“忘心”，超越生死，追求永恒。阳明的生命线和生命意识也是那么清晰……

我们一起去寻宝，寻王阳明的宝，也寻自己的洞中宝藏。生命本苦本也乐，不为苦乐役，就要去生死来去的终极问题里找答案。王阳明，在洞中石棺前静坐，参生死。

有个朋友曾经跟我说过，一个好的写作者，应该是四重角色：

第一角色是侦探，去发现问题，发现蛛丝马迹，重要的是发现关键线索和主线；

第二角色是医生，去诊断，望闻问切，去做各项检查，然后开药方、处方药；

第三角色是导游，这个导游不仅要看现实，还要穿越到过去、未来；

第四角色是预言家，要预警，凡事预则立，不预则废。

我写苏东坡的时候，用的是“药方”法（疗愈），专注纯化其哲学底层逻辑。

在这本书里，我想当个导游，先一起去看看王阳明三十七岁之前的人生心路，同时去发现一点点新的蛛丝马迹。

我们就从这几个节点上看：先说十一岁的王阳明，跟随状元父亲王华去北京途中，在金山寺做了首诗："山近月圆觉月小，便道此山大于月。若人有眼大如天，还见山小月更阔。"他从小就掌握了朴素辩证的思维方式。

人若有了超越自己五官的心，就能从小看见很多看不见的东西，外景和心境，都慢慢变得复杂而精巧，心也会在长大、变大。

十二岁，他的愿望是做个圣人，认为读书考功名不是第一等事。十三岁，他的生母"走"了，古人经历至亲"死别"的考验，会比我们现代人早很多。我们现代人经历的"生离"可能更多些，比如父母离婚，自己离婚，等等，都是跟曾经最亲的人告别。

人生都有黑洞。要知道，黑洞，不是填的，它填不满。欲望和恐惧，都很难填，也很难理解。

十五岁，因为身在北京，当时那里是政治经济文化中心，自然能够接触到的事物不一样，就算心不主动，信息也会扑面而来。况且他学习的心是如此主动积极，任侠尚武的气质就浓浓地呈现了出来。

他出游居庸三关，了解军事策略，然后就在那一年，梦见了他生命里很重要的“伏波将军庙”，关联着他的偶像文人将军——马援，在东汉建立前后屡立战功，有着老当益壮、马革裹尸的气概。

四十二年后，他偶然在旅途中遇到这个庙，记了那个梦。诗名叫《谒伏波庙二首》，写“四十二年前梦里诗，此行天定岂人为”。

其一，四十年前梦里诗，此行天定岂人为。徂征敢倚风云阵，所过须同时雨师。尚喜远人知向望，却惭无术救疮痍。从来胜算归廊庙，耻说干戈定四夷。其二，楼船金鼓宿乌蛮，鱼丽群舟夜上滩。月绕旌旗千嶂静，风传铃柝九溪寒。荒夷未必先声服，神武由来不杀难。想见虞廷新气象，两阶干羽五云端。

人的“志、愿、梦”也许是合一的，我们是可以主动靠近古人古气与其不朽精神的，然后将自己的生命跟一些人和事主动挂钩，它们就会一辈子在你心里，不离不散。我的朋友说过一句话，时间、阅历、执着都是断箭，总有一半留在体内，会长成骨血。

十六岁，他就想上书建议兵家策略，但被父亲阻止。十七岁，他回到绍兴，同年七月，去江西洪都结婚，喜欢上了道教和练字，这两者都是修心的，让内心凝思静虑。

那时候，他就开始研究自己的心了，认为凡事都是“心上学”，字其实也是“拟形于心”。你看，只要是文人论艺术，都逃不出苏东坡的发现范畴——“胸有成竹”“我手写我心”等等。在艺术上，要有巨大的创新和突破很难。

古人的生活，按惯例都是先成家后立业。十八岁，他开始跟着师父娄谅相对系统地学宋儒格物之学。

十九岁，他的爷爷，那个从小教他写字画画，喜欢竹子的优雅老人竹轩公“走了”，在京任职的父亲王华回绍兴府丁忧三年。

二十岁时，他们从余姚（今宁波余姚）搬到山阴（今绍兴越城）居住。有父亲近身在旁监督他考学必要的功课，还是有成果的，二十一岁，他中举了。

现在，每个孩子都要面临程式化的学习。其实我觉得，知识体系框架搭建的时候，总是枯燥的，人要学会忍耐，并为自己的忍耐奉上心花朵朵。

你说，格物之学，“理”的出现，让“仁”有了很多实处可依，对于规律和性质的认识语系有了跟其他领域连接的接口，儒释道有了对话的可能。三教合一的风潮，宋朝比较流行，于是，百科全书派开始出现，人生和人文生活都丰富了起来。

我感觉，“仁”字过于柔软，且难以界定；“理”字则比较坚硬，拿它当工具各领域开拓，可以让很多人参与具体的多领域“工作”“研究”中，但容易趋于程式化。

你说，是啊，所以阳明的内心开始充满了使用“理学通用格式”后的后遗症。比如，体味“众物必有表里精粗，一草一木，皆涵至理”，他去格竹，但失败了，甚至大病一场。

我想，是因为他想不出什么全新的、能让自己内心愉悦和信任的带有能量的核心概念。觉得自己在哲学上、思考上是失败的，做不了什么惊心动魄的创新之举。于是，他身体上生病了，精神上其实也忧郁了。

其实人能够震撼自己，让自己真的服气，真的信自己，挺难的。一生最难的，大概就是这种挑战。很多新鲜创意，也只够点亮一首诗的温度。很多哲学概念，也只够让自己变得雄辩、善思。那些让自己一辈子投入其中的“核心”，需要体系，需要聚合力、吸引力，需要时光里的种种不凡……

所以，他开始选的路，是自己擅长的辞章之学，毕竟从七岁开始作诗之后，经过十四五年的努力，他轰动过京城，有优势有地位，也有声名。我们现代人也是这样，六至二十二岁，就是集中受社会化教育期，寻找外界的立足点、优势点。

七岁作《哭象棋诗》：

象棋在手乐悠悠，苦被严亲一旦丢。兵卒堕河皆不救，将军溺水一齐休。马行千里随波去，士入三川逐浪流。炮响一声天地震，象若心头为人揪。

人都是这样，开始都是拼命抓住自己想要的、能做到的东西，发挥自己的优势。我们年轻时候本以为有天赋，对很多事情都有洞见，会跟别人活出不一样的人生，我们眼睛里充满光，闪着未来和希望。我们的情绪是饱满的，但也是容易反复的。

总以为，能提出很多新鲜的、令人眼前一亮的东西；

能创业创新，能野蛮而优雅地生长，无感钝感，专心致志；

能发明一个强大的学说和理论框架，往里面注入毕生心力和内容……

这太难了。

人生要做整体性的创新，走不一样的路，太难了。人生版本更新，需要付出的代价和思考的系统性时间，要求太高了。

二十二岁的时候，时任内阁首辅李西涯在他没考之前就让他写中状元的赋，他竟然马上就写了，可见那时候他也盲目自信。往往这种时候，总要承担代价和打击的。看似安全的顺境之下，藏着野心和贪求，也藏着危机和陷阱。

最后当然是此举招人嫉妒，因不明世间的复杂和黑暗，他的会试以失败告终。

他后来在《传习录》里一直强调“戒慎不睹，恐惧不闻”“戒惧”“慎独”，对骄惰、骄恣、骄奢、骄骛、骄僭等都警示，是因为年轻时候的他都经历过。对圣人可以怯魅，他们其实都是在问题中突破自己的界限，才有了更好的传承能力。

阳明心态异于常人的是，他非常稳，失败了，亦不动心。回到余姚，办了诗社。鲜活的生命，总是有充足的心气儿。生命的侧面，总可以一一拓展延伸。

他是个喜欢热闹的人，诗社的人越来越多。这样自由而热闹的日子过了三年，他重新赶考，还是没考中。

于是，二十六岁的他开始学兵法，他的内心总有“合一”之法，认为除了骑射搏击之外，还应该有韬略统驭之道法，才是一个完整的兵家。

后来他写过《武经七评书》，对《孙子兵法》《吴子》《司马法》《李卫公问答》《尉缭子》《三略》《六韬》等进行点评。

比如对《孙子兵法》，他的分析强调“校计索情”，兵贵拙速，要立于不败之地，就要行藏不露，兵出万全，此外还有奇正相生，如环无端，避实击虚等辩证方法。在《六韬》

里面也强调“嘿嘿昧昧，其光必远”，即韬光养晦，重点强调的一直是计谋韬略等。

放到当下，二十二岁本科毕业，二十四岁硕士毕业，二十七岁博士毕业，这个阶段，似乎并不知道自己究竟要做什么，但是学习的心好像也没有停止过。二十多岁本就是“取”的阶段，不断地追求自己喜欢的东西，但也不明“究竟”。

阳明的人生，似乎一直不能解决被人嫉妒、被人抑制、考不上等人生的坎和关口，虽然他不在意，但人们生在名利、官宦、江湖之中，很多事情得接着、应付着。

有时候不理，暂且搁置也好，他沉浸在对自己“核心底层”的找寻中，学了很多兵家秘籍，甚至着迷到在宴会后用很多果核排兵布阵演习。

> 是年先生学兵法。当时边报甚急，朝廷推举将才，莫不遑遽。先生念武举之设，仅得骑射搏击之士，而不能收韬略统驭之才。于是留情武事，凡兵家秘书，莫不精究。每遇宾宴，尝聚果核列阵势为戏。（《阳明先生年谱》）

真的是活学活用，生活中的任何元素皆为我所用。人生的每一步都算数，他日后也都用上了。生命经验里经常出现的“强要素”，是我们要格外关心的。

但兵家的学习快乐，对年轻的阳明来说也不持久，他又陷入了另一种迷茫之中，因为空有理论无法实践。27岁的他便想入山，居静反思。

他看到朱熹（晦翁）曾写：“居敬持志，为读书之本，循序致精，为读书之法。”朱熹的求学精神是极致的。比如，其所著《周易本义》里有陈抟首创的太极图，是他竭力搜求，派学生蔡季通远道入蜀，至青城山花重金才从西蜀隐者篾首酱翁处获得。

阳明开始反思自己的求知求学，应该遵循“精”“序”二字，但是觉得朱熹的“物理吾心”始终都是两分的，无法解决他内心的真正问题。再好的知识体系和精神，如果不是自己内化的、内源的，都是艰难而令人困惑的。这让他又陷入了忧伤，甚至抑郁。

我们现代人也有相似感受——从小跟外界格格不入之感——听到的、看到的，跟学到的、感受到的，可能都是分裂的。这个社会的冲突感、游戏规则（说明书）、语言体系是我们理解不尽的，但内心秩序还没有建立起来。

外在无序混乱，无所安放，内在空洞迷茫，无所倚靠。第一步，就是改变自己，改变的第一步，是意识到自己有一个可以不断因自我觉醒而终会强大的内心世界，它能如息壤般长大。

我发现，他所有的抑郁难受，都是因为想不通，或者想不出好到令他自己振奋的东西——那些又强烈又正又新的领悟。

人每次想要遁入山中，其实都是因为心迷惑了，不直面，想躲藏，而不是内心真的清朗清静了。虽然说“静”，清净（静）则志意治（《黄帝内经》），是盛极而衰、衰极而复的中介，但是人没有核心意志的时候，静也是虚空的。

现实里的所有知识殿堂里，都找不到他要的那种光芒。

你说，插一句海涅（Heine）的诗，关于创世的心理发生学（psychogenesis）——“疾病无疑是促成创造的终极动因。透过创造，吾乃可痊愈。透过创造，吾变得健康。”

你还说，克尔凯郭尔说，每一个求生圈都是辩证的。

对于阳明来说，世界太庞杂，现存的理论和领域被各代人发展、演化和衍生得太多了，怎么把这些能量和知识放入自己的心中，内化成自己的能量？怎样融入外部世界，或者完成革命性的改变？

这个潜在的集大成者，他也曾感到困惑之极。

人生有趣、有意思的是，当你内心困惑的时候，现实倒是开始明朗了。时间会化解某些阻力和障碍。二十八岁的时候，王阳明考上了，二甲进士出身第七人。在这一年，三十岁的唐伯虎（1470 年—1524 年）陷入了会试泄题案，一代才子就这样终身不得为官，后来还卷入了宁王叛乱。

1499 年，十六世纪前夕的一年，也是一个特殊的年份。明代哲学艺术圈里最著名的两个人物在这里交集。

你补充说，阳明喜欢宋代罗大经的《鹤林玉露》里，“山精日长”一则，还题写在唐伯虎的画的《山静日长册》上头。这本册子是无锡大收藏家华夏邀请唐伯虎画的。更巧的是，罗大经引用了苏东坡的“无事此静坐，一日如两日，若活七十年，便是百四十”。

不同时空的人，苏东坡、罗大经、王阳明、唐伯虎，同时出现，这太巧妙了。当现代人的妙处是，信息世界自成一体，丰富、复杂、无限，交换互动更加频发、随机、多元，更能进行时空穿梭，感受确切具体的前人们的能量，感受他们的文明修炼密码。

回到阳明，他第一份“工作”是在工部，第一个“项目”是督造威宁伯王越墓。在没有中第之前，他就梦到过威宁伯给他送剑。他的军事爱好倾向，让他的现实和梦境总是合一。他还顺便巩固了他的兵法和军事思想，人的思想、精神和心，是要不断“定”和“等”的。

> 先生未第时尝梦威宁伯遗以弓剑。是秋钦差督造威宁伯王越坟，驭役夫以什伍法，休食以时，暇即驱演“八阵图”。事竣，威宁家以金帛谢，不受；乃出威宁所佩宝剑为赠，适与梦符，遂受之。（《阳明先生年谱》）

1498年，王越死于甘州军中，去世后最初被安葬在北京郊外。后来，在王阳明的护送下，他的灵柩于1499年秋季被迁移到浚县大伾山的西阳明洞下葬。

阳明留下诗作《登大伾山诗》：“晓披烟雾入青峦，山寺疏钟万木寒。千古河流成沃野，几年沙势自风湍。水穿石甲龙鳞动，日绕峰头佛顶宽。宫阙五云天北极，高秋更上九霄看。”

他那时候还是充满激情，因为当下做的事情也算是心中所愿。

二十九岁，他在刑部工作；三十岁，他奉命审录江北，也给一些犯人平反，年轻时候总是理想主义者，至少也是个改善主义者，总想改变世界。

不过在官场的沉浮，让他思想上更加困顿，首先，在职位上充满被动性；第二，辞章之学，也让他感觉到一种虚空，其实诗词到了明代，很难超越唐宋前人了；第三，他没有停止的道家、佛家的研究，也无法令他突破现实中的真正困局，依旧有很多脱节、卡壳的地方。

另外，更现实的是，他要成为佛道里有创新思想和动作的人物，也很难，因为那似乎更需要天意和天赋，他的山林愿望被高人劝退，认为他更适合功名世界。

《尹山人传》里记载，尹评价他："你绝顶聪明，又是本贵介公子，筋骨脆，你学不了我。你的前程，还是在功名上。"在九华山上遇到的蔡蓬头，再三追问之下，说他"汝后堂后亭礼虽隆，终不忘官相"。

别人的指点和自己的领悟，让他更明白自己始终是理论和哲学的钟情者。重复的路，蹈袭的路，成熟的路，可能也不太适合自己，他一定要走出一条抵达心灵深层的路。

三十一岁，他首先想要疗愈身体，洗掉官相。按照杜维明的《青年王阳明》研究，他的祖先们，都觉得做官不如归隐好，可考的是六世祖王纲，他大概生活在元末明初，据说在明朝开国时已经七十多岁了，曾任广东参议，负责监察军事和财政，曾孤身一人用说服技巧平定叛乱，但最后的结局是被苗民劫持而死。

阳明一定深刻地研究过他的每一位先辈，能效仿的他都效仿了，能继承的他都继承了。他能文能武，后来也能算卦，也喜欢隐居，也喜欢曾点，也当了官……

居山隐居起来，"静极则天心自现"，他选择了研究"静"最深的道教。三十一岁，他回到绍兴，在阳明洞里，修导引术，更确切的据称是“真空炼形”。

他修炼到什么水平呢？据说已经能够预测事情，比如朋友王思舆来访，到绍兴城门五云门，他就能提前派人迎接。

我对你说，生命的巧合是，我老家就在五云门附近。有些事，也要等我过了三十岁，才明白，当年非常想远离的故乡，充满着能把你拉回的跟现实似乎毫无关系的力量，这根源，是文化和人格的力量。

修炼着，修炼着，他发现，这并不是真正的道，反而是簸弄精神。在写给隐居友人的信中，他说神仙术浪费时间精力，是骗人的。追求长生不老，那就是没有尊重自然和宇宙规律。不如让此生，此时此刻，追求更有质量的生命。

他后来能被人誉为“当下师”，是因为真的追求过永恒后，发现追求有活力的生活方式，更圆满。

“山灵应秘惜，不许俗人看。”（王阳明《无相寺三首（其二）》）他知道，除非他的心性经历了某种质变，否则就不能理解自然的深意。

宗教的创新创造更难，佛教、道教都完成了普遍化——“人人都可成佛”（《法华经》），“人人都可成仙”（唐·司马承祯《天隐子》）。

他本来想要遁世，但舍不得祖母和父亲，有现实的情感羁绊。他后来为了祖母和父亲，也一再请求辞官归家。他的内心就是这样一个基本面，他活在此生、人世间中。

于是，三十二岁的时候，他打算再次回世间寻道，跑到杭州的南屏、虎跑寺等，问僧人是否想起父母时还是会起心动念，僧人说，不能不起。佛家本也遵孝道，《地藏本愿经》被民间都称为“佛门孝经”。

理论之间可以相通，人心也可以是通的，世俗之人可以有出世之心，出家之人也可以有入世心。

人就是在出出入入之间，在很多人心的启发和建议之下，才能不断探索，才能知道真正的“本处”“真我”。人生拉锯，岁月悬灯，悬在本处，任何事情发生，都可以有这样一个归、还的动作，内心自然会安。

很多时候，我们在意结果，在意过程，其实还有另一种活法，就是每个过程之后都有个归还，有个清空，好的坏的，美的丑的，当体即空，如苏东坡的所谓“静柔阴虚”，审视自己的每一个选择，最后都会到自己内心去。

三十三岁，他调整好在人世间探求的心，继续在官场任职，被委派的任务是主持山东的乡试，趁此机会，他去拜了孔庙。孔子日坐杏坛鼓琴，与其徒叙书、传礼、删诗、正乐、赞易。这种生机勃勃的创造理论的感觉，太有生命力了。

现实中的真实触感是有奇效的，在情景合一之下，心会有不同的启发。我觉得最大的作用，可能是第二年（三十四岁时），他开始像孔子一样招收门人了。

结合自己的生命经验，他内心里隐隐觉得，“心”太重要了，现在有一个流派已经在发展中，也可以融入自己的所学、所历、所感、受悟，就是陈白沙、湛若水的“心学”。

用“身心之学”理论去招收门人，一起研究，一起创新，一起注入心力，让他觉得充满希望。原来他也喜欢诗词这种散的、不确定的美感和灵感的火花集合的性情中人、同道中人，也组织过诗社、读书会这样的散漫社团，但是做学术和带学生的这股力量让他觉得更加踏实，跟我们现在的“学院派”很像。

士人之心，就是志，就是完成一个体系化、笃定衎尔的生命。

他开始反思自己现有的知识体系，觉得那都是记诵之学，太沉闷无聊了。他每次再入世的时候，都是带着极大的激情和动力的，让出世前静极修炼的那份能量，从势能变成动能。

对我们现代人的启发就是，出入世之间，心就是一个能源系统。人要能随时切换自己，因为他始终在找体感，实验，行动，想到就做到，不是散乱的、盲目的，最后都会回归到生命的终极之问去。我在此生是来做什么的？

当你在一个领域里倡导一个理论、学说、观点，坚持不懈且活力四射的时候，你会遇到类似频率和思想的人。比如，他生命中的贵人之一，湛若水出现了，他当时是心学的主要传承人。他的官职较高，内心较平和、包容。

当老师，演讲，招学生，似乎是一种生机感很强的事情，是一种“势能库”。《礼记》第三十一谈的就是《中庸》，里面说，上天赋予人的叫作“性”，遵循天性而行叫作“道”，修治并推广此道叫作“教”。“性—道—教”，就是一种构建思想核心，并能发挥影响力的可借鉴范式。

收弟子，帮他们发现自己的天性，让他们安道而行，儒教的源头和初心，也是让人在此生活出自己的路。孔子因材施教，弟子三千，有才有能有德的众多，他最喜欢安贫乐道、居于陋巷，一生做到常人不可为不能忍的颜子，以及追求纯粹至真快乐的曾点。爱护天性里最珍贵的人，就是敬畏天地。

志同道合的朋友和徒弟，其实是宝贵的财富，可以相互给予人生意义上的信任票和信任额度，也是人生路上前行无阻的力量组成。

我们一起来看看心学发展传承序列上的关键人物。

第一个，启蒙者理学家吴与弼（1391 年—1469 年）。

人把自己修炼得很好，其实也是有利他作用的，因为他一出现，“自然令人心平气和，万虑俱消”。他强调“静时涵养，动时省察”“人之遇患难，须平心易气以处之”。

十九岁考学后，他独处小楼二年，专心攻读《四书》、《五经》、洛学、闽学等。二十一岁开始讲学。他自学自得，身体力行，有自己的天道观、性善观、践行观、苦乐观。

他还提出“心垢”概念，认为只有去除它，才能到达“性善”的境界，这无疑是心学的范畴了。他一辈子以教书为生，前后共五十八年。

第二个，心学的创始人岭南人陈白沙（1428 年—1500 年）。

他二十七岁左右到了江西临川拜吴与弼为师。从此，吴与弼的“静”学在他心里埋下种子。回到家乡之后，他建造了春阳台，闭关十年，又数年不出门，潜心学习。

在四次会试都没考中之后，他便下定决心走教书育人之路。他认为，面对变幻无穷的世界，应去“静坐”，“以自然为宗”，“人心本来体面皆一般，只要养之以静，便自开大”，可“自得”，“天地我立，万化我出，而宇宙在我”，更重视自我价值。

也许人生也是这样，长途跋涉之后，回归到最简单、最低耗的方式，在“静”中找到了自己，有了高感体悟和巅峰体验。

第三个，大家可能比较陌生，他叫薛敬之（1435 年—1508 年）。

他在三十一岁以岁贡生进入国学，和同舍陈白沙并有盛名。他是理学家，是张载关学的传承人，注重“理气”。曾说“一身皆是气，惟心无气”，“未有无气质之性”，还说：“风雷变化，气使然也。”

但他提出“心为太极”，“言心虽在万事上见，而本然之体已具。言太极虽在万物上见，而未形之性已涵，故曰：心为太极。”

他也是在追溯先秦儒家原典的基础上，才有所创新，可见源头思维至关重要。

第四个，湛若水（1466 年—1560 年）。

大约二十九岁时他拜陈白沙为师。陈白沙教学，比他的吴老师更灵活，在课堂上、于垂钓间、优游山林时、吟诗赏花之间、写书念信等都是丰富的场景体验。

当湛若水提出“随处体认天理”的时候，陈老师心生欢喜，引以为最得意的弟子。湛若水非常高寿，九十四岁才病逝，去世当年还在愚山精舍讲学。

他提出过一个非常有力的核心概念，就是“煎销习心”，人心易堕落为习心，需要修炼。但他没有那么革命性，是因为他认为天理依然高于人心，心需要向外体悟、靠拢。不像后来王阳明提出的心即理，完成了真正的合一。

陈白沙比王阳明大四十四岁，在三十七岁前后才有了自己的核心思想；湛若水比王阳明大六岁，在三十岁前后才开始系统学习和精进。阳明进入心学研究领域时，心学尚属于发展初期。

三十四岁踏入心学之旅，王阳明生命的核心能力“研发”就加速了。

生命的规律，其实古今相通。我在三十五岁之前，除了一些生离死别，没有经历过大的波折，即使遇到了也不会引起内心的剧烈震动，不会触及内心的真正所需。三十五岁之后，可能会遇到一场精神浩劫或觉醒之门，开始感悟死生和存在的价值。

阳明人生的转折点，也是三十五岁左右，跟我们现代人相似。那时候，巨大的冲击和考验，以不可扭转的态势奔赴而来。

一个人过了三十五岁，就到了做总结的年龄。自然界总结的时候，会淘汰一部分人，提升一部分人。内在总结的时候，有人会从此有颗柔韧而坚定的心。

放的能力，其实如水流，可以延伸，但怎么收回来，凝聚回来，其实需要烧一把火。

阳明三十四岁那年，武宗登基，太监当政，第二年（1506 年）二月，南京科道戴铣等被迫害，阳明为他上疏说话。结果不仅被廷杖四十下，坐牢六十天，还被贬贵州龙场。三十五岁，生死劫来了。

刚入狱的时候，他的心不是石头做的，也会极其郁闷和难过。瑟瑟惊风吹过树林，犹如巨浪拍案，连风声都深深地影响了他。但是，人是活的，生理上的疼痛都是有限有量的，心理上的其实也是。人是可以自我洞察而获得稳定感的。十天后，他觉得内心就像木石一般，安静、不动容、不动心。

然后，他开始像他的祖先一样，研究易经。他觉得，研究本身就能给他带来幽静和智慧。这样，他在严重沮丧和持续乐观中，切换着、交织着，支撑着自己。

另外，他和狱友们一起读书，然后一起宴坐、洗心。说到“洗身洗心法”，苏东坡在刚被贬黄州寄居在寺庙的时候也常用，他经常洗澡后在风中伫立，穿宽松的袍子，披头散发，回归自然，静思己过。

洗心，某种程度上，是洗自己的思维方式和执念。直面自己的最爱和最恨，就是人生功课和工夫的来源。

他重点研究了以下六个卦象：

1. 蒙卦。

一个蒙昧青年，由于经验不足，停留在危险边缘不知所措。怎么办？人应该看看卦里面最积极的、阳性原则的那个爻。因为，那个“爻”就是“药”。蒙卦第二爻表明，要心平气和地守持蒙愚，将有好运。虽然无故受到过重的惩罚，但最好是承受这种苦难，而不是采取激烈的行动对抗它。平静、无为而治，就是胜利了一半了。

2. 大畜卦。

这个卦象对他的意义，主要是吸收那种持守蒙愚、收敛静守的提示。为了将来采取勇敢行动而培养自己的活动和培育内在力量的一种方式。约束野性力量的好办法就是预先制止，然后，以坚韧之心追求真正的目标和真我的实现。

3. 蹇卦。

要提升对困境的认识和觉知。如果我们前面有危险的悬崖，后面有不可攀登的山峰拔地而起，周围都是艰难险阻。不要害怕，因为山峦有守静的品质。你要知道，人生路上险阻和山峰迟早会出现，人的心力必须承接这一切考验，虽然大难临头，但如果能静心坚守，将得到自由。

4. 震卦。

人们总是用“晴天霹雳”来形容人间意外的瞬间降临。这种猝不及防，最令人恐惧和震颤。起初，这种不利境地是显而易见的，但是这种不利也是暂时的，等考验过去，会倍感轻松。最初一定要承受的恐怖，从长远看，也许将带来好运，保持警觉。

5. 遁卦。

遁卦表明，黑暗势力正在上升，光明退至安全之处。自动隐退会给君子带来福运。王阳明认为，他接下来还会再隐居一段时间。

6. 蛊卦。

我们总是被什么东西吸引、迷惑，受到某种激励。但往后看，走错一步都可能造成严重的恶果，也许，该去做别的选择了。为了名利，为国君和王公效力也是蛊，该是人生要升华的时候了，要去做更高尚的事情了。那些卦在提示他，他应该去承受恐怖，在最危险的地方，获得最大的平静和超越，这个过程中，勇气和淡然将源源不绝。

他出狱后，在被贬途中回了趟绍兴，然后去杭州净慈寺等地养病。刘瑾没有放过他，派人跟踪他，想要择机刺杀。

三十六岁的他，每一天都过得惊心动魄。他内心一定会有剧烈的想法此起彼伏，只有不按常理出牌，走入无人之境，探索内心的真谛，才能避开对手的设卡。

他必须开拓出一条新路，也是心灵之路。

心灵之路，可以在现实中避险！最危险的地方就是最安全的地方。

去遮蔽，平和，守静，警觉，收敛，隐遁，淡然之下，人能重现自由之路。

你记得我们一起跑过数次的钱塘江两岸吧？如今那么繁华、现代的河流两岸，曾经存在过王阳明的一双鞋。

他制造了一个假象，让刺客以为他投河自杀了，竟也骗过去了。然后他跟商船去了舟山，不料风太大，到了福建。夜里到一座寺庙求宿——按律不肯收留他，只好去了野庙，居然是虎穴。第二天，僧人认为他肯定被老虎咬死了，去收尸，没想到阳明正在熟睡。

人要有巨大的能力，感动即便是钢铁般心肠的人。巨大的能力是什么？天性、训练、磨镜、去垢、悟后启修等日常功夫。

他终于被请去了寺里，在那里遇到了二十年前在他新婚当天偶遇的铁柱宫里的道士。道士给他开示说：“你不去龙场也可以，但是万一他们逮捕你的家人，诬陷你去了胡人或粤人那里，该怎么应对呢？”然后给他算了一卦，据说是明夷卦，那是光明遭到破坏的意思。

所以他决定从武夷山出发去龙场，留下了诗歌《泛海》：“险夷原不滞胸中，何异浮云过天空？夜静海涛三万里，月明飞锡下天风。”

王阳明在中国东部沿海地区、长三角的痕迹很多，山东、江苏、浙江、福建、广东、安徽等地都有。

你说，在中国，东边一直是奋斗的沃土，西部是疗愈与荒凉，北部是权力，南部是自由……

我说，等我以后研究王阳明跟中国东部经济和精神的联系。人要向外拓展事业，也要向内追求精神精进，这是并行的，相互加深加强的，虚实有无形势是合一的。阳明心学后来外传到日本，影响了他们的明治维新，也影响了他们现代实业的发展。

儒释道东方文化，更多诞生于农耕文明，到了明代，才产生一种向海洋文明商业文明拓展的需求，心学其实具有了商业文明性、海洋文明性。

为什么这么认为？实际上，西方在十五、十六世纪，也在进行思想革命，也在进行海洋的探索。

十五世纪中后期和十六世纪二三十年代，世界在发生巨变，欧洲走出了中世纪的阴影，思想上，马丁路德（1483年—1546年）反对罗马教廷出售赎罪券，揭开了宗教改革的序幕，宣称人们能直接读《圣经》获得神启，去中介化，每个人都可以依靠自己的信仰，而不是外在的制度、牧师乃至教皇来得救。“人人皆可”的普遍化逻辑完成。

此外，文艺复兴个性解放；哥伦布发现了新大陆（1492年），东印度公司开始在亚洲扩张……

中西时间线对齐看，我们的郑和 1405 年就开始远航，只是在 1433 年，航海七次后就终止了。他比哥伦布航海早八十七年。1517 年马丁路德揭开了宗教改革的序幕，发布《九十五条论纲》，第二年提出人人都可以直接与上帝相通；那一年阳明在江西平叛，第二年开始平定宁王之乱，在实证心学。

梭罗说过，人向内看，也有一千个没有去过的地区，那意味着探险、冒险、不断的探索、唤醒等。你看至今，不仅在流传，而且随处可见，它是波光粼粼的海面。一见闪着阳光的水面，我就想起王阳明，就觉得他在我们身边。日出于水，充满生命力，光明真我，浩瀚无垠，心力充足。

你又跟我谈起坎贝尔的“千面英雄”，这个一辈子研究了全世界所有英雄和神话故事的人，发现了神话，或者好莱坞式大片的底层逻辑和结构，具体如下：

第一，人生就是一个旅程，为了发现自己，活出自己。自己究竟是什么？可能是一个魅力人格，或是一种纯粹人品，或是一种精神气质，或是一种哲学和理论，或是一个美好的清晰的隽永的价值，或是一个传奇神话。

第二，存在平凡世界和非凡世界，平凡世界里冒险在召唤，主角开始是拒绝的，随后与智者相遇，得到启示，于是穿越第一个极限。王阳明竟然遇到海上大风，又遇到老虎，风从虎，云从龙，事物之间总是相互联系、相互感应的。智者果然也出现了，铁柱宫的老道二十年前就约定了这场相逢，启发意义极大。

然后主角历经重重考验，遇到敌人无数，但也遇到朋友和伙伴无数，接近了人性里最深层的洞穴，接受了最严峻的黑暗考验，最后通关，获得嘉奖。这番出走，再回去后，已经是不同的山水，不同的人生版本，内在已觉醒，就能万有应用自己全新的内核，又强又正又新。

英雄从日常世界冒险进入超自然的神奇地域：在那里会遇到神话般的力量，赢得决定性的胜利。英雄从不可思议的冒险中归来，带着可以赐福于同胞的力量。

我感慨，原来英雄的不朽感的陶铸，世界各地都一样。

我们在想我们的困境怎么办的时候，其实就在洞中，非英雄之旅不可突破。但在洞中偶尔出来晒太阳，似乎也能进入一种渐悟状态，就像柏拉图的“洞穴之喻”，曾经的经验，可能是幻觉，可以去追求各种各样的智慧、药方。

柏拉图也说，知识即回忆，人人都洞悉哲理，只是忘了而已，世界上只有好记性和坏记性的哲学家。

灵光一闪，记起来了。光明冲破黑暗，内心完全光明，洞穴被照亮了，龙场悟道发生了。

（三）龙场悟道

“圣人之道，吾性自足，向之求理于事物者误也。”阳明此非顿悟，是终于合一的大悟。

1507年12月，王阳明从武夷山返回杭州，然后启程去贵阳。春至龙场，春在花上，也在王阳明心里。

我们也随着他去龙场吧。这一路上，他都在想：“圣人处此，更有何道?”

在龙场黑暗的洞中，有一天，他在睡梦中听到：“圣人之道，吾性自足，向之求理于事物者误也。”

随后，他脑子里默记的《五经》都在迅速地、大量地自动论证这句话。那么多理论像水一样涌来。

不光是那冰冷的水，还是能燃烧的液体，是心里的那团火，合成了某种很强的东西，它能持续发光发亮！

底层逻辑通了之后，知和识也会重构其应用和功能，各种人事物的关系的深层链接会泛出新的温润的光芒。

我想到了“水火既济”的场景——水在火上，用火煮食物，食物已熟，表明事情已成功。在这里，是思想已合成，君子应有远大的目光，防患于未然。

洞，变得如此明亮，照见了曾经看不见的宝藏。

于是，凭着此前对于五经的熟读和记忆，他开始写作《五经臆说》。人内心深层次的快乐，其实是经由生命总结出的思想给的。其实就是找到那一句打通自己、震惊自己的能量之语。

这句话，将带着他走出黑洞，充满一生的光明。

苏轼的水哲学之核让他打通了儒释道。思想都是有源头的，通过溯源发现，大家的底层都是一致的，虽然有着不同的表现逻辑、性质和框架。

水在儒家，“所遇有难易，然而未尝不志于行”，是水之心，迎难而上，自强不息，流水不腐。

水在道家，是“流，故不盈”，“虽无常形，因而以物为形”，柔韧包容，水利万物而不争，天地涵容。

水在佛家，是以水洗水，二水同一净，表达的是净而无染的澄念体验，洗身洗心。

水是一种普遍性的道之动。苏东坡也曾提出“致极一”，是“战于内”（可能是古今人都会有的内耗、拧巴、纠结、斗争、焦虑、恐惧、忧伤）之后的“无心而一”的状态。致，极也；极则一矣。

其实苏轼已经提出了“一”，只是“一”还没有成为浑厚别致创新的核心哲学理念，而他的应用体系又过多，只能被后世冠为“蜀学”“杂学”。

那么怎么样再进化、醇化、纯乎天理，形成自己的“道”“心”呢？

王阳明突破了，他把道和理，都化合成自己的“心即理”的心学理念。这颗“心”的融合过程，不仅有水的力量，更有火的力量。那是激情和动力，那是生命更深的潜能，不仅仅是现存力量的盘活，而是未知力量的一并揽入，那是——心即宇宙，心外无物。

人心不需要通过巨大的知识体系，解释体系，不需要道和理的逐一剖析，去中介化，能够直接沟通宇宙天地。

我也终于知道，为什么我要把“洞”字放在首位。穴居人营造了洞，营造了“里面”“内在”，肉体也是灵魂的容器，但其实内外合一，表里合一，心物合一。

这是把自己所有散乱在生命里的理论做了一次核心的凝聚。对于我们现代人的启示是，你到底用什么风格和理念的标志性概念来总结自己的思想？这是一个巨大的、持久的思想实验。

心学的创始人们一步步地在解脱理学体系的束缚，“心与理”的距离被一步步拉近，从陈白沙的养心静以自开大（可以接近自然、宇宙、天理），到湛若水的心可以随时体认天理，无限接近，再到王阳明的心和理合一。

阳明追溯古本里最初最纯的文本，用源头活水用来支持新理论的流行……内心充满了光明……

为什么“吾性自足”之后，就是“知行合一”？

他研习道佛二十年，肯定熟习各大经典的思想。

《楞严经》所谓“心则随有，亦非内、外、中间三处”，我们的心遍一切时，一切处，遍宇宙；

《法华经》，一切众生皆可成佛；

《坛经》这个中国本土原创的佛经，提出“一切万法，不离自性”“一切众生，悉有佛性”“万法尽在自心”，以及“定是慧体，慧是定用”“定慧等学”机制。

我有个小小的发现，“定慧等学”机制与“知行合一”，相当接近。

六祖认为，无二之性即是佛性。在他之前的佛学强调：先定后慧，以定发慧。所谓定，是目睹诸境心不乱；所谓慧，是没有障碍，观照自性。即心名慧，即佛乃定，即心即佛，就是对于已经生成的念头不留恋（不生），对将要升起的念头任其显现（不灭）。

通俗版本，我们可以用丰子恺的话理解，“不乱于心，不困于情，不畏将来，不念过往”。

定和慧，就像水和波，灯和光一样，是“一体”“等学”的。佛性有很强的合一功能和能量，王阳明将其迁移，用于儒学思维方式的精一和嬗变。

儒学经过了几百年的迭代，体系变得越来越庞大，不断注解演化，理论和哲学“熵增”，大而无用，反而形成了对心的桎梏和压制。所以到了王阳明这里，需要回归源头，凝练新核，为更多普通人所用。

孟子的“尽其心者，知其性也。知其性，则知天矣”，尽心知天，尽心即天理，以及道家的内丹等理论都聚合成了“吾性自足”，他用的诀窍和方法，正是知识迁移、理论融合，于是内心安适，自然，同步完成。

所有“现成的道法”，其实都是接近大道的途径，且儒释道三者均预留了一些空间和接口，供大家融合。

比如《宝积经》说：“一切诸法，悉如幻化，是中却有一法，和合凝集，决定成就。”

阴阳融合，就如当今的辩证，水火既济，世间充满了水的阴阳合一，也充满了火的阴阳合一。

凝、炼二字，就是中国人总结式思维方式的最质朴的表征。

有自然天成的源头是水，有不熄不灭的能量是火。

活泼泼的他，太知道怎么把自己视如珍宝的“心思想”再发扬光大，他的心越来越光明。于是，他悟道之后，走出洞外，在贵阳开展起了教学事业。

从三十四岁开始的传播思想的教书育人事业，不能停止，他决心要继续。他跟所有人的关系变得缓和，人也变得柔软，因为他知道他要做什么。

《礼记》中的《中庸》篇说，“性—道—教”，思想若遵循天性，就会去接近、形成道，发扬光明广大就有传播的自驱力。

那颗他从十三岁一直找到三十七岁，找了二十四年的又强又正又新的核，成了他自己的人生的能和源。

他开始在贵阳书院教学，开始重点研究“知行合一”。既然“我”的心在终极方面是具足的，那么实际上，它会如何呢？

于是在“知行合一”上，他又进行了将近十三年的探索和实验，深化了心学的理论沉淀。

三十九岁时，也就是龙场悟道两年之后，刘瑾伏诛，王阳明的现实里又有了新的生路。苏东坡在黄州被贬，四五年之后，也开始了一路高升的新路。现状里的黑暗或阻碍势力，总得等一段时间，才能消耗殆尽。

所以，有时候，我们需要等。安心、耐心、有活力地等着、活着，而不是枯坐、死寂、绝望、悔怨。

马上，他就获得机会离开龙场，去当了庐陵知县（今属于江西吉安）。然后开始用人心治理的一套来验证他的核心思想“知行合一”。

后来又被调到北京，在大兴隆寺跟黄宗贤（绾）、湛甘泉等人一起研究心学。然后回到刑部，做了四川清吏司主事。

时间到了他的四十岁，他被调到吏部验封清吏司主事，随后职位再度高升，做了文选清吏司员外郎，四十一岁继续升考功清吏司郎中……

你看局中人，高低沉浮，都是正常的。我们生在变局中，不用大惊小怪。

接下来，王阳明的四十不惑，也是一段非常有意思的哲学妙旅。

三十多岁，如何找到自己的核心？

我写王阳明的人生，分为三段，前面是第一部分，大致是十一岁到四十岁的心路历程，重点是三十一岁开始的寻心之路。

最惊喜的发现是，人只有内心找到自己最认可的哲学和心理机制，才能跟外界融合。世间所有的事，首先是自己内心的事。

内心的事，首要的是有自己人生的中心思想。

原来心学不光是找到自己的心和人生路，还要知道怎么凭借新发明，跟外界外物有新的联系和体验。

三十多岁，可能会有一些至暗时刻，也会有一些别样的赐予。

现代人的困惑，是光的不可抵达，明明看到过，或者知道，但就是找不到，抵达不了。我们或许忘了，必须去幽暗中找光，最后发现光一直在你心里。

现在的我们，习惯说“向内求”，其实求字有些用力过猛。人得真信一些东西，而不是真求一些东西。其实心最清楚、最明亮，任何人的心都是如此，快不快乐，爱不爱，能不能，只要真去感受了，马上就能知道。

只要持续地向内观，光一定会在某一刻全部点亮。

你心里有光，才能连接宇宙的光。蓦然回首发现，光遍布一切。你越过了所有不是你的，你就抵达了你。一切都不在心外。

人生的总结能力，会在某一个阶段高增长，它增长到一定阶段，就开悟了。

王阳明的一生，其实对我们现代人友好之处在于，他也很容易抑郁、难受、纠结、体弱等，但通过理论和心学的研发，他把自己变得强大。于是，三十一岁有了小悟，三十七岁有了大悟。

我自己就是三十一岁开始读王阳明的，在三十五岁遇到天雷一劈般的考验之前，并没有很懂，但突然觉得，哦，拯救自己的力量，原来一直在自己心里。

人生都是试验，都是探索，任侠、骑射、辞章、神仙、佛氏，他都去研究过。

比如在“动能”上，他的十五岁、二十六岁，都有发心和决心，集中力量和时间学习过军事，他精通外部的战争，也知道内心的战斗。

还有“静”（势能）上，他十七岁、二十七岁、三十一岁时，都专门试验过道家的修炼。

人生若能兼容两种冲突的气质，会更有包容性和变革性，所以在追求“一”的时候，更知道是“主一”这个复合系统，而不是“专一”这个单薄的执着。

终究我们先要出走，然后再回归，不断试验。出世入世间，躺卷之间，有无之间都可以尝试、试验。

人生要有体感，要有行动，不要被强势的话语体系影响，要有自己的语言和“辞达”，如水一般去流经，去融入，去顺应，去改变，去克服，去组合，去遇见。

但更加重要的意义，在于寻找明确的、内心深处的、主要的、强烈的需求，如果找不到那个需求，想不明白，甚至明了人生的本质和预测人生的动向，依然不足以令自己得到至乐，不再抑郁。

人要有震动自己、让自己信服和喜欢的那种核心意志的寻找力、原创力、表达和传播力、自我实现力。

在纷繁复杂的理论和势力面前，甚至很多是干扰、弯路的时候，让自己不惑，就是诚、明、纯、醇。

王阳明在龙场的极端条件下，在黑暗的洞中，发现了“明”的极大的价值——“彻上彻下，通物通我，无不具足”，每一个毛孔都能自放光芒，对，这就是光明。

发现光明之后，就把自己的心体全部点亮了，那些儒释道里可以合成的部分，都可以为我当下所用所有。

人生都有黑洞。要知道，黑洞，不是填的，它填不满，它需要的是亮。我们曾经忽略了那么久的内心的洞，虚空，其实自有一个丰盛的世界，不仅有能源，有矿藏，有水源，还有空气、虚空和无限。

无论你遇到的是什么具体的人生问题，请收敛自己的心，凝聚自己的气和神，先点亮它。

我的方法就是，这两年每年冬天和春天的交界处，我静下来闭门写作，把自己想表达，渴望超越的东西，蜕变而生育出来。

把我们的心灵提到理想的高度，怎么提，旁边站个苏东坡、王阳明等集大成者“朋友”。

知道心究竟要什么、爱什么，相信它是明亮的、照见所有的。

是的，光明之下，总有影子，但如果不再有影子，全是光明，是你把自己融化在有无之间了。你不再生出你的影子和幽暗，是你没了那个“我”，有了什么都具足的“新我”，是和光同尘的“无我”。

我发现了这一点，所以我理解了苏东坡“无有”之间的水，王阳明的“无有”之间的“行知”，以及很多现代科学家、企业家的那种无有之间的坚持第一性原理。

最能点亮你的生命内在，就是你的核心。如何形成理论创新，如何让自己一直有奇遇，就是回到源头，回到底层哲学和逻辑，回到人性深处，就可以跟所有领域的人群共通，跟现实对接，不断地审美和选择。

洞中，有源头，有底层逻辑和哲学，有光明。

最终，你的光明心就在那里等你，很久了。

二

水、火

水火序

从“四十不惑”，到“五十知天命”，一定会经历自己的“气质变化”。水深火热的四十多岁，那个内核在不断生长。

三十七岁，王阳明龙场悟道，心学萌生。他终于突破了朱熹“格物致知”物我二分的窠臼，物我合一，心物合一，知行合一。他开始在行中用功，认为一念起便是行，意识到的就已经在做了，意识到的就付诸实践，想到就做，这样心物没有障碍没有滞留，不过这些仍是在“知行本体”的框架下讨论和进行的。

四十一岁，在水上，在舟上，他和妹夫兼弟子徐爱讨论《大学》古本，他们发现，尧、舜、三王、孔孟，千圣立言，“人各不同，其旨则一”。

“诚意”被他们注重起来，甚至比“正心”更靠前，成为他们独有的工夫论。

你看“四十不惑”，这个节点也很明显。我们可以一起在河里泛舟，一起找找当时的他们。

他们逐渐回到了孔孟的源头，《尚书》《礼记》等源头上去。《大学》古本简洁明了，“明明德之功，只是个诚意”；《中庸》说，“不诚无物”。《大学》和《中庸》被朱熹拆开后，再度被王阳明合一。

五十岁，历经宸濠、忠泰之变，各种水深火热的战场、官场、人性的考验，王阳明提出“致良知”。四十九岁招收徒弟盐商富商王艮的时候，年谱记载，“阳明自言在应付宦官刁难时全靠良知指引”。

心学为什么能够影响世界人心那么深长，就是因为这里渗透了阳明的生命意识和能量。这时，他的“心学”趋于成熟，因“良知”是本体性概念，表明他从已发之“意”上用功，返溯至于未发之心体上用功。

生命是逐渐推进的，你从一个要做成什么的心意，现实效能感和完成感的追求者，变成了一个本就澄澈明亮的心信拥有人。

如何在理论上、核心上不断进化？如何做集大成的努力？就是不断地溯源，不断地和合凝集，不断地凝练，不断地提纯，“纯乎天理”，自己的能力能量也在不断升级之中。保护自己的能量，寻找自己的源头。

火是能，水是源。心能心源心能源，盖是如此。

外在压力，自我怀疑，自我探索，任何人的持续成长，都跟自己破的时候减少内耗心力自由（水的疗愈，水润下），重新建立自己的效率效能有关（火的上升，火炎上）。

水之心，是迎难而上，自强不息，是儒学；

水之信，是柔韧包容，水利万物而不争，是道家；

水之新，是以水洗水，二水同一净，非异非不异，是佛家。

火在佛家是觉醒能量，是智慧、觉醒、净化、转化、光明、威力，如狮子王奋迅回盼，欣然大笑……毛孔皆放无量妙色光明，如虹探长拄晖，如日舒光，亦如劫火猛焰炽然（《楞伽经》）。

火在道家是炼丹，内外丹都要“炼”，“鸡能抱卵心常听”，且都是火热、温热的。

火在儒家是善和仁，“仁者心之气”，具有仁心的人会散发出一种和谐、温暖、舒适的气氛。水曰润下，火曰炎上，火主礼，是上升，是光明。

湛若水的心学，还是水，心还是在理上流行着，“随处体认天理”；而王阳明，首先提出“心即理”，人心、天理合二为一，用真火炼出新心。

第一步，“诚意”功夫，知行合一，是为了让心、意、知、物都合一，是更强更牢固的核心。

第二步，是明确“致良知”，此心光明，就是宇宙光明、大道光明。实证心即理，那年他刚好五十岁。

第三步，再回到“无善无恶心之体”（五十六岁提出四句教：无善无恶心之体，有善有恶意之动，知善知恶是良知，为善去恶是格物），回到源头状态，完成理论自洽闭环，从“心即理”所以为无心澄澈光明，到诚意功夫，再到致良知和格物，让格物有了底蕴和底层逻辑，可以把核心思想理念一以贯之，此心光明无碍，再融入人世间。

水火，就是四十多岁的基调变化，有至暗，也有巅峰，无序之中也有秩序和和谐。既济未济，生命变动，更需能源。枪林弹雨，节能环保，心能、心源并重。

（一）舟上游《大学》

真理只有一个，而圣人以不同名字来称呼它。

——约瑟夫·坎贝尔

我们现在可以一起乘舟。“泛舟聊天局”，于苏东坡，是创作了前后《赤壁赋》，于王阳明，则是发现了《大学》古本里强调的“格物”是诚意功夫。于是阳明心学从“心即理”“圣人之道，吾性自足”进入第二阶段。

王阳明在《大学古本原序》中指出：“诚意之功，格物而已矣。诚意之极，止至善而已矣。正心，复其体也；修身，著其用也。以言乎己，谓之明德；以言乎人，谓之亲民；以言乎天地之间，则备矣!”

王阳明跟舟是有生命意义上的深度挂钩的，他就是于舟上离世的。我们这些在丘陵山水之间生长起来的人，跟水，跟舟，真有天然而深刻的关联。

舟上可神游啊。

你看，四十一岁这一年，他跟徐爱——他的妹夫和第一个弟子有了欣喜的新发现。当时，他们一个是南京太仆寺少卿，另一个是南京工部员外郎。他们乘舟回绍兴府的时候，发现了《大学》古本里令他们的心学可以加固加深的新东西。

他们发现了一个新角度——在没有经过朱子等注解过的《大学》古本里，其实都是心学的奥秘。中国文化，其实都是心文化。

《尚书》言曰："道心惟微，人心惟危；惟精惟一，允执厥中。"这是中华文化的"十六字心法"。天地人阴阳五行儒释道，琴棋书画戏诗酒花茶香，天地人间，皆在人心。儒家修心养性；佛家明心见性；道家存心炼性。心就是源头，就是能量。

做大事情，要有源头思维，才有大能量。

他们发现，尧、舜、三王、孔孟，千圣立言，人各不同，其旨则一。

就像世界神话学大师约瑟夫·坎贝尔说的，“真理只有一个，而圣人以不同名字来称呼它”。他们发现了之后，“闻之踊跃痛快，如狂如醒者数日，胸中混沌复开”。

理论研究的快乐是非常深刻而持久的，就像禅里的喜乐，是心的向上感，是心灵的快乐。只有自己真的信，关键信息信源还能佐证，每天还能吸收正反馈，自己践行还真的充满动力，能量就真的流动起来了。

王阳明写道：“《大学》所谓天之明命此心弥宇宙，贯古今，通天地万物为一者也。心无内外，理无内外，则谓理在心亦可也。”心即理，理在心。《大学》就证明了他的“龙场悟道”。

无碍、喜悦、光明、澄澈，你看，都是柔软的水和火的特征。

发现新东西，形成新观点，开拓新境界。你去寻找，去等待，去沉浸，去快乐，去安定。

这段舟中的对话，还开启了生成《传习录》的源头。一念起就是行动，所谓风生水起。

> 十二月，升南京太仆寺少卿，便道归省。与徐爱论学。爱是年以祁州知州考满进京，升南京工部员外郎。与先生同舟归越，论《大学》宗旨。闻之踊跃痛快，如狂如醒者数日，胸中混沌复开。仰思尧、舜、三王、孔、孟千圣立言，人各不同，其旨则一。今之《传习录》所载首卷是也。其自叙云："爱因旧说汩没，始闻先生之教，实骇愕不定，无入头处。其后闻之既久，渐知反身实践，然后始信先生之学为孔门嫡传，舍是皆傍蹊小径，断港绝河矣。如说格物是诚意功夫，明善是诚身功夫，穷理是尽性功夫，道问学是尊德性功夫，博文是约礼功夫，惟精是惟一功夫，诸如此类，皆落落难合。其后思之既久，不觉手舞足蹈。（《阳明先生年谱》）

果然，四十不惑，又这么精准地对应起来。

《大学》最初是《礼记》中的一篇文章，具体而言，是四十九篇中的第四十二篇。后由朱熹对其进行解读和注释，从而被独立抽取出来。“格物致知”在理学家看来，要先对客体进行观察和接触，认识事物存在和发展的规律，进而进行归纳和总结，积累知识，触类旁通，争取有朝一日能够“豁然贯通”，体认天理。

而阳明则认为，心物二分，会导致功夫的支离和繁琐，他认为只要去除私心，去遮蔽，从而恢复人心的本来样貌，正心诚意之后，天理自现，每个人的生命自信、效率效能感都会提升。

庞大的知识体系筛选了人，形成了高门槛和分别心，也就没了宽容、接纳、创新。

《大学》中有“三纲八目”，修身的四条分别为正心、诚意、致知和格物，其中意和知，从广义上都可以归入“心”的范畴。他的心物论，就是心外无物、心物合一，格物即格心。

王阳明也像孔子和禅宗一样不立文字，述而不作，却对《大学》情有独钟，曾先后作《大学古本傍释》《大学古本原序》《大学古本序》《大学问》等，正如钱德洪所言："吾师阳明先生，平时论学，未尝立一言，惟揭《大学》宗旨，以指示人心。"

日本的心学研究家冈田武彦说："正德八年（1513 年），王阳明便将立志、立诚视为学问头脑。"

"杀人须就咽喉上着刀，吾人为学，当从心髓入微处用力，自然笃实光辉。"他认为，"立诚"比之"立志"，一超直入，简单纯粹，有诚则"洪炉点雪"。

你看，水在向前流，此刻舟中人，领略了当下的研究之道，多快乐啊。

（二）"无—行—知—有"，打造内核

如何修炼内核？

融合身心意知物，只是一件！

王阳明二十一岁格竹发现的问题——“物理”和“吾心”判若两截怎么办？后来，经过十六年努力，他终于明白心外无理，心可以包举、感通宇宙万物。本心不是静态的，而是活泼泼的。心不是随理而动的，而是与天地万物本就灵明相感。

他让原来求静、求随的心学方法，放下了“求”字。让儒学这种积极度过高，努力过高的学派，有了极大的缓解，防止内心倦怠，再也找不到自己的方向和位置。放下求，只是找。

人凭借一点灵明，这颗心，本就能与天地感应。

我们把古代的哲学争论化作我们自己的生活场景：

所谓“物理”和“吾心”是二分的，其实就是我们自己的内在精神和需要，跟这个社会经济文化的运行规则或潜规则不相适应。

理论和心理，都没有真切的引领作用。我的心是我的心，有时候跟这个社会运行的人事物格格不入。我的心虽然可以研究各种领域，但是并没有过好我的一生。

如何活好，如何内外一致，是一生的课题。

吾心如日，创化万物，明朗万物。既然现成的东西不适合我心，我就要寻找我心，自足自信，直至找到真正的持久的快乐和圆满。

首先，王阳明对我们的启示在于，我们的心是“灵明”的，总有办法经过十几二十年的探索，找到一些适合自己的哲学和理念。

十几二十岁，内心要形成一些大的疑问，也有一些典型、实验性的探索；三十几岁，到某个阶段总结一下，总有一些核心概念会自己涌现出来。

比如，按照我的生命经验，我小时候就发现了自己内心的声音，在读完《庄子》之后，更明确了内在世界的存在，它的第一需求和特征是静和净，随即自然想要学习哲学和美学。

三十岁左右，我找到一个词叫“鱼鱼雅雅”（无论遇到任何外部动荡，内心都是优雅又威仪整肃的，在美学意义上，则如宗白华所说，艺术家所表现的是主观的生命情调与客观的自然景象交融互渗，成就一个鸢飞鱼跃、活泼玲珑、渊然而深的灵境）；三十五岁左右，我开始研究苏东坡的水哲学和随物赋形的万有应用，随后，我又用全新的视角理解王阳明心学的现代精神能源。而且我会一直寻。

比如，创业创新的人，十几二十岁就知道自己要折腾出来一点什么，野蛮生长，建立自己的认知体系，开启或关闭自己的感受，训练自己的心力，适应和改善规则运转，尝试了方方面面，就是因地制宜，随物赋形，再加上自己燃烧的热情和坚韧，适应各种周期轮回，甚至是时代变迁。最后发现，企业家精神，还有精神的精神，其实就是在时代中不断磨砺而成的。人，除了拼搏努力、坚持不懈、刚强刚毅之外，会在某刻升起全新的精神，相对但不相斗的很多侧面，才是人生的第二、第三曲线，打开了。

人最终完成自我的塑造，作品感的自己、自己的事业、自己的核心思想。某一天，突然就懂得用另一个视角和理念来看自己了，那么自我可能就更加牢固了。超越狭隘的自我，超越身份，超越喜好……

《易经·革卦》观四时之变，“治历明时”；《易经·鼎卦》有观空间鼎象，“正位凝命”。这两卦分别象征时境一空境，并阴与阳相推而变“生生之谓易”，共同构起宗白华所谓的“时空合体境”。美学理论上，宗白华把人生艺术化，大概就是这个道理。

所以，我一直觉得王阳明的心学，也是一场中国特有的人生塑造和超越的美学。要学会打开自己的很多个侧面，很多重气质，探寻自我就像探寻宇宙一样，也是一件无限之事。

苏东坡的哲学和艺术，其实都是随物赋形，离无入有，心物合一。心物如何合一，其实没有具体机制，虚处藏神，玄之又玄，世上只有一个苏东坡，苏海只能取一瓢，可以感知一二，更多可为爱好哲学和艺术，热爱生活的人，心生启迪。

而王阳明给我们普通人发了福利，他把这种机制给说活了。

在“心—物”的对应之中，他加入了“知—意”。

朱子说的是“心者身之主，意者心之发”，阳明在此基础上，提出，“知者意之体，物者意之用”；“有是意即是有物，无是意即无物”；“身之主宰便是心，心之所发便是意，意之本体便是知，意之所在便是物”。

意之所着，为物；意识发动，就是行。那么意是怎么来的？有知而后有意，“知”是我心俱足，我的心能呈现万事万物的本质，它有一触即发（意）的无限力量。

这样，在朱子的“身—心—意”结构里，阳明变成了“身—心—意—知—物”结构。在这里，意的意念发动就是行，身心本是自然关联的，所以相当于“心—行—知—物”，在“心—物”中加了“行—知”。

按照苏东坡的理论，心是无，物是有，心物合一，就是离无入有的水，“无—有—水”，参照现代哲学里的黑格尔的理论，即使“正—反—合”，所以，所以他总能在悲—喜中生出“旷”，也无风雨也无晴中生出清欢，则是苏东坡的创造逻辑。

王阳明，用“无—行—知—有”体系，去观照“四句教”，“无善无恶心之体，有善有恶意之动，知善知恶是良知，为善去恶是格物”，竟完美对应。

“无”——无善无恶心之体（心即理，心即宇宙，有生于无，无是原点）；

“行”——有善有恶意之动（一念发动即是行，所以诚意工夫是最重要的，所谓“一念发在好善上，便实实落落去好善；一念发在恶恶上，便实实落落去恶恶”）；

“知”——知善知恶是良知（致良知理论，就是又强又正的大道光明）；

“有”——为善去恶是格物（具体的行动、领域、方面的各种实操，万有应用）。

所以，怎么心物合一，知行合一？就在于人的一念之间，决定做就去做，决定行就是行，让这个意，纯乎天理，“诚意”，保持纯粹和真，宇宙都会给你能源和力量。

让原来有的“正—反—合”结构，出现“正—反—复合”结构，即把人的主观因素变得更加明确化、可操作化。把心物合的过程化成“知行”的过程。

苏东坡说，他要画画，他的心就立刻形成了竹子，他的手就马上画出了竹子，浑然天成。

王阳明说，我要战斗，他的心能马上感知所有人的心态和战略，诚意正心，谋略和坦途都呈现出来，各种心术、战术不断涌现。

苏东坡完成了理念世界、艺术世界、哲学世界里所有“文本—心理—虚灵境界”的融合和建构，“静柔阴虚”，形成了无比丰富的“苏海”——蓄水蓄能库。他也在现实世界里留下很多痕迹，但他的精神文化影响力更大更久。

而王阳明将文本世界和现实世界完全打通，更富有战斗力和改变世界的力量，想什么，成什么，成为“常胜将军”。他的哲学能力和行事能力双强，内核是“只是一件”的心学。

《大学》身、心、意、知、物五个概念中，被他总括为“只是一件”的序列。

> 九川疑曰：“物在外，如何与身、心、意、知是一件?”先生曰：“耳、目、口、鼻、四肢，身也，非心安能视、听、言、动? 心欲视、听、言、动，无耳、目、口、鼻、四肢亦不能，故无心则无身，无身则无心。但指其充塞处言之谓之身，指其主宰处言之谓之心，指心

之发动处谓之意，指意之灵明处谓之知，指意之涉着处谓之物：只是一件。意未有悬空的，必着事物，故欲诚意则随意所在某事而格之，去其人欲而归于天理，则良知之在此事者无蔽而得致矣。此便是诚意的功夫。”

人到底是怎么生出自己的独特性和创造性，从而保持心力不衰的？请记住这个结构“无—行—知—有”。

你得自己有一套意识发动的机制。你发动善念，对善的需求就会很高，内外部都会很高，自觉创造和启发，就是内心自己告诉自己的。

你提到，学了很多领导力和企业家精神的范式、方法论等等，那都是外部已经存在的庞大且在不断完善的知识体系，但是真正要去做事的时候，起点还是自己的心，领导力和企业家精神，其实就是发心。

内心对自己要有非常大的引领力，你这颗心怎么能不实时修炼呢？所以你会知道你每分每秒要做什么。

阳明：“学者时时刻刻常睹其所不睹，常闻其所不闻，工夫方有个实落处。久久成熟后，则不须着力，不待防检，而真性自不息矣。”

更确切的步骤在于：

第一，实化。人要不断探索，保持研究，保持认识，保持运用和实验，让内心的发动在外界有实效、实证、实绩。

第二，流行。你的感情流动，自己其实最清楚，好好沉淀下来品味、把握、研究，喜怒哀惧爱恶欲，其实都可以化作具体的作品或者其他情感产物。用“作品心态”“创造感”活着，创作着，会更有连续性和条理。你才能持续发光。

第三，去蔽。找不到自己，必然存在很多蒙蔽自己的东西，对于这种必然性，要承认且直面，首先要洗心，要时刻清库存、除杂质，克服很多私欲和负能量，时常怀疑和反思自己，这是人工智能不可能有的功能，它无法怀疑自己，也无法体验真正的死亡。

这辈子究竟该做什么，究竟爱什么？就算生命澎湃，惊涛骇浪，最终，都会有自己的定海神针。无论海面上会发生多大规模的战争，多么水深火热，只要活着，你永远会知道自己该怎么办。

虽然如今世上战争不断，经济社会变迁巨大，人工智能又威胁人对自我认知智慧和知识结构的自信，但是，在各种各样源头性的经典里，我们可以去诚我们的心和意，让自己内核稳定。

（三）随物赋形，随处指点

随物赋形，随处指点，水火共柔。

前面说了那么多哲学，现在我们稍微轻松点。跟着王阳明一起游学去吧。

四十二岁的时候，他把心学创始人们开发的游学法发挥到了极致。

先是那年（1513 年）二月跟徐爱一起游了天台、雁荡，然后是五月，从上虞到四明山，管白水，寻龙溪之源（上虞达溪，是王阳明先祖的居住地，所以这一段也是寻觅祖迹之旅），然后登锡杖，至雪窦，上千丈岩，以望天姥、华顶，然后从风华取道赤城。

这个过程持续了半个多月。

那一年，他还在宁波府城会晤了日本正使了庵桂悟。王阳明在会晤之后的五月十六日写了《送日东正使了庵和尚归国序》（现藏在日本大东急纪念文库）赠送给了庵和尚。

在《送日东正使了庵和尚归国序》中，他说："（了庵）舟抵鄞江之浒，寓馆于驲，予尝过焉。"这是阳明心学传往东瀛并开始在海外传播的原点和见证。

日本著名阳明学研究专家冈田武彦在《日本人与阳明学》中说："阳明学开始传到日本，大概是永正十年，即明正德八年桂悟了庵和尚归国以后的事。"

我也循着他的痕迹去了四明山、雪窦山。我去四明山的时候，登上过一个山腰平台，然后看到远处有一个巨大的龙形雁阵（2024 年刚好是龙年），飞过山下一整片四明水库。

他或许就在我身边，你说呢？

正心诚意地研究一个人，是幸运的、充满能量的，还会有非凡际遇。

因心学研究和实践，我每天读一本书，那天我刚好在读荣格的《金花的秘密》，里面写道："一种新的、更强的生命指向……在较低层次导致最激烈冲突和充满恐慌的情感爆发的那些东西，现在从人格的更高层次来看，宛如从高山山顶上俯瞰山谷中的一场雷雨。"

我体会到了一种沉浸在理念世界的绝对快乐，还能对应到我追寻他心路发展的现实中。

追随王阳明，真的是一种心灵上的、生命体验上的审美享受。每一个决定和选择，都具有了审美意义，所谓"无欲以观其妙"。

徐爱的《游雪窦因得龙溪诸山记》曾记载王阳明说的：

夫永乐诸山，可备游观者也。四明，可居者也。龙溪，可以避地者也，然而近隘矣。杖锡者，可以隐德也，然而几绝矣。乃若隐显无恒，俯仰不拘，近而弗亵，远而弗乖，可以致远，可以发奇者，其惟雪窦乎！诸君耳目之所接，心志之所乐，其止于山水已乎？

那天，我避开人流，开车多走了二十多公里，在无人的盘山路上第一眼看到雪窦山的时候，真有那种少有的看见了类似西部山脉的神圣感，感觉像是去朝圣的。

雪窦寺是弥勒佛的道场，我在全球最高的露天弥勒佛造像（56.74 米）顺时针转圈，随着风铃声、风声、心声一起涌现。

我攀上基座，摸着佛像巨大的莲花座的花瓣，看它们螺旋上升，慢慢地知道该怎么书写这本书。这就是为什么，这本书是花瓣结构，一个字开一个章，就是一个花瓣。

你也是天外来客，我书里随时来的贵客，你说，你读过他的诗《游雪窦山用方干韵》："平生性野多违俗，长望云山叹式微。暂向溪流濯尘冕，益怜萝薜胜朝衣。林间烟起知僧住，岩下云开见鸟飞。绝境自余麋鹿伴，况闻林远悟禅机。"

苏东坡也写过"逝将江海去，安此麋鹿姿"（《次韵钱穆父会饮》），大家都喜欢优游山林。

我觉得，真是灵啊。所谓心诚则灵，这个诚，是在虚空之中显露自心。你信吗？

我信。

你说，学习型组织理论的开创者，MIT 教授写《第五项修炼》曾一度风靡管理学界的彼得·圣吉有一位合作伙伴，叫奥托·夏莫，两人以游学的方式不定期地邀请一群同道，在山水之间，在亲近自然的场所开展游学式的深度会谈，历时一年半。

你总是提示我一些国外的理论，你说《大学》里的“知—止—定—静—安—虑—得”被奥托·夏莫演化成了 U 形的“意识—观察—感知—在当下—晶透化—建立原型—执行”，这也完成了“心物”“知行”的另一种现代生成机制。这个理论后来还成为国外企业教练的理论源头。

你看中国文化的渗透力，其实是依靠其底层逻辑和哲学机制，被西方有心人发现和发展的。

1513 年这一年，四十二岁的他正在贯彻“随物赋形”的一年，他在各地把游学变得越来越好玩。同年十月到了安徽滁州做督马政，官务不忙，他刚好有更多时间带学生。

他们“遨游琅琊、瀼泉间，月夕则环龙潭而坐者数百人，歌声振山谷。诸生随地请正，踊跃歌舞”，游山玩水，吟啸徐行，欢歌乐舞，数百人坐在湖边，内心松弛自然，开怀美妙。

随地请正，随处指点，就是王阳明的教学法。

感觉对应现在，王阳明就是即兴的爵士音乐家，像温柔的火苗一样，在人心里柔柔地生长着、化育着。这种温暖感，是儒学、理学那冰冷的、程式化的东西里没有的，这是人文教育、高感性教育、通识教育、自然教育，符合人性的温暖教育。

道家丹书云：“鸡能抱卵心常听。”此要妙诀也。“盖鸡之所以能生卵者，以暖气也。暖气止能温其壳，不能入其中，则以心引炁入。其听也，一心注焉。心入则气入，得暖气而生矣。”

人修炼的时候、静坐的时候，都应该是暖暖的。这个世界，也应该是慈悲温暖的。

苏东坡和王阳明不仅是水，还是一团不灭的篝火。随物赋形是山中溪水，随处指点是月下火苗。

人们发现，原来学习是这么好玩，弟子们怎么能不越来越多呢？这个时候的阳明，创造创作的热情也是很高的。

四十三岁的时候，他升任南京鸿胪寺卿（这是个类似外交官的职务，他的为官经历真是丰富，在工部、刑部、兵部、鸿胪寺等各部之间岗位轮换），南京又成了他和朋友们、同学们相聚的大本营。

阳明心学的学习氛围太好了，他们都主动“日夕渍砺不懈”。其中两个弟子喜欢谈释和道，阳明说自己年轻时候也笃志修炼这二家，但是到了龙场三年，才开始觉得圣人之道能够“端绪”，让自己的心神真正安定，能够发挥自己心能能力的场景才会更广大，后悔用错功二十年。

他说，其实释道的微妙，跟儒之间只差毫厘，只有内心深处认同它的人，才能分析其隐微。其实，这也说明，他对儒释道的融合，已经研究得非常高深了。

（四）水火悟道

四十五岁，我们心里变得明亮，可以更透明地接受一切，命运开始透明了，去创造吧！水深火热，心学成熟！

王阳明的四十五岁是个重大的转折点，他开始了人生的重大课题，到处灭火平寇，成了一个将军。你看他四十至四十四岁，过得还算滋滋润润。我们现代人也如此，轻度中年，是三十五岁到四十四岁；深度中年，大概就是从四十五岁开始的。

那一年，兵部尚书王琼让他平汀漳各郡的巨寇，你看，穷山恶水间的寇，就是王阳明的人生功课，避不开，就直面。

他回绍兴探看了亲人朋友。其中一位朋友、早年与他一起在阳明洞天修行的王思舆说，王阳明此行，必立事功，因为他“触之不动”。

四十六岁，他抵达江西，在各地（漳、横水、桶冈等）平寇，用心治理所到之处。

四十七岁，他在《与薛侃书》中写道，“破山中贼易，破心中贼难”。随后，学生们开始重新刻《大学》古本，写刻《朱子万年定论》等。薛侃刻《传习录》也在这一年。

所以，王阳明的四十七岁，是其学术理论开始成系统地流行和传播的一年。可见，1520年，意义重大。

人们内心的核，于四十岁前后开始形成，七八年后该有个坚固的样子了，因为内外都有足够的沉淀和建树了。

但那一年，徐爱走了，王阳明非常悲痛，两天不吃不喝。

> 自得曰仁讣，盖哽咽而不能食者两日。人皆劝予食。呜呼！吾有无穷之志，恐一旦遂死不克就，将以托

之曰仁，而曰仁今则已矣……呜呼痛哉！吾今无复有意于人世矣。（《祭徐曰仁文》）

如果王阳明是孔子，那徐爱就是颜子。徐爱早年也预知过自己的命运——他梦见有个老僧跟他说：“尔与颜子同德，亦与颜子同寿。”

生命，有时候是可以自我认知和感觉出来的。你看，很多人的梦，现代认知里的潜意识，其实藏着非常深度的自我认知，那是生命信息的无限性。心即宇宙，我们其实随身携带着宇宙。

那一年，他还修了濂溪书院，你看，都跟水有点关系。

四十八岁时，他的祖母辞世，他想还乡，不被允许。那年六月，宁王宸濠反了。本来他在福建处理叛军，又马上返回江西吉安，主动加入平叛队伍，朝廷并没有确切的命令，所以也给别人对他的趁机诬陷埋下伏笔。

在最混乱的时候如何保持定力？在无序无常无力的情况下，如何有源源不断的心力？如何提升自己遇事处世的境界？我觉得，就幻想王阳明在我们身边。

就算圣人之道学不会，也可以尽量在这些好的精神身边，沉浸一会儿，自然会有所得，不管是不是能够立刻有效果和效应。

面对最难打的叛乱战，他问弟子，兵法的要义是什么？弟子不知，王阳明直接开示。

他说了八个字——“此心不动，随机而动”。仔细品味，这也兼具水和火的特性。

火是一种灵感，也是一种征服。世界上，有一种人，从古至今都相信自己的命运，高瞻远瞩，付诸行动，接受失败，失败之后还能东山再起，而且通常他们行动的成功率也是很高的。

最后，王阳明也确实是在船上的火攻之战中胜利了。

因为，宁王的心就是妄动的。他本来还有耐心，想布局全面之后再等待时机造反。但是几件事情发生之后，他决定加速行动：太监张忠、江彬等与和宁王关系密切的钱宁争斗，揭露宁王谋逆，就可以顺势把钱宁搞下去；太监张锐和大学士杨廷和都被宁王贿赂过，怕受朝局牵累而态度反转，落井下石，上奏宁王“包藏祸心，招纳亡命，反形已具”。

人啊，其实都是受外物、外部关系牵引的，有妄念，也很容易妄动。京城的探子们把朝堂上的消息告诉宁王，刚好那天还是他的生日，他完全没有心思庆生了，刘养正对他说：“咱就借势反了吧，大小官员都在，刚好看看谁能站队我们这边。刀剑之下以杀伐迫其站队，也是好机会。”

王阳明呢，当时还在去往福州的路上，听闻叛乱消息后，改装易服来到临江，并跟当地知府戴德儒分析三策：宁王的三条路线是去京师、去南京、守南昌。

所以，他首先找人在通往北京、南京的要害处设置疑兵，找人写假公文宣传两广总督、湖广巡抚、两京兵部等会集结十六万人攻南昌。宁王因为是被动而反，容易心乱，竟然真被唬住了。

于是王阳明改道前往自己曾经战斗过的、非常熟悉的吉安，紧密布局，然后假装在各个城府坚守不出。王阳明的静，让周围的人跟着他从容，他们相信只有想周全了的人，才可以在生死面前如此镇静。如此赢得时间后，终于集合完毕七八万人。

王阳明的心战包括反间计，信息干扰一直是让人心乱的好方式——能让人心乱、持续乱，不断加压增熵，让敌方疲于应对。他写蜡书给刘养正等宁王心腹和智囊，谎称他们是自己人，让他们怂恿宁王东行，许诺以后是朝廷巨擘。宁王果然胡乱怀疑了十多天，后来才反省是自己疑心太重，恢复信任这件事，浪费的时间太久。

心学这门哲学，就是让你的判断力和感受力高效高级起来，节省自己的时间精力，因为你不再紧张，每临大事有静气。

宁王重新信任刘养正等人，选择南京路线，十万人浩浩荡荡出征，还带了妃子、世子等，等于是举家搬迁，表明自己不达目的不罢休。叛军攻打安庆城，就是攻不下来，宁王还让团队里的安庆人潘鹏劝降，结果潘安排的亲人一个个被肢解，对战中彼此都很残忍。

四十八岁的王阳明，稳到令人发慌。他就是要等宁王出走，然后去打南昌。“我欲战，敌虽高垒深沟，不得不与我战者，攻其所必救也；我不欲战，虽画地而守之，敌不得与我战者，乖其所之也。”（《孙子兵法》）

1519年七月十九日（农历），他起兵八万人浩浩荡荡地去了南昌。他将平叛的檄文绑在箭上，让老百姓安心睡觉，装作什么都不知道，也不要出门。

他的命令是那么深思熟虑——告诉士兵，一鼓靠近城墙，二鼓登城，三鼓不登者杀，四鼓杀队将。那天夜里，三鼓之后果然半数士兵入城，出生入死。

人啊，不到特定情境是不会对自己狠的，所以要激发人类的狠劲和斗志，只能创造极限条件，而潜能被激发了之后，短时间内是停不下来的。他的军队也是各地东拼西凑而来的。抢夺开始，宁王宫殿被烧，他预料到要收拾内乱，所谓“校计索情”，事情怎么演变，战略怎么排布，无出其心。

南昌的“金银财宝”都在，宁王决定回去，不能失去了老巢。1363年，朱元璋和陈友谅在鄱阳湖决战，152年后，这里再次战火纷飞。双方白天毫无动静，趁着夜色，王阳明带着伍文定诱敌深入，一块一块吃掉敌人，最后形成了四五路夹击的态势。

他太了解对方了，在打南昌的同时，把九江和南康两个后备之城也拿下了。

这是一场巨大的水战、火战！

宁王准备了十年多，短短四十二天就失败了。准备得再好，心没有准备好，心乱，则功亏一篑。追求成功，需要运气，需要资源；追求不败、不死，需要“此心不动，随机而动”。

不按常理出牌，随时有实验心态，越是危险越要平静。王阳明在吉安屯兵准备上战场前，他还能去文天祥（江南西路吉州庐陵县，今江西省吉安市青原区富田镇人）的庙里拜一拜，夜里谋兵布局的时候，还能安定作诗。

上了战场就是命悬一线，所以意念要格外坚定，训练自己的念头，专注，不动心。

下了战场，王阳明摆酒感谢学生，学生们都很愕然：“我们没有冲锋陷阵。”他却说：“我一开始也心慌，生怕我让你们觉得我说的做的不一样，但后来跟给你们讲课一样，自然妥帖了，我觉得我没有误人子弟。”

经得起考验和反复验证的自创理论和哲学的快乐，是非常稀少的与天理接近的“至乐”。

你跟我说，王阳明对于现代人的意义，就在于他永远在被动中寻求自主性，总是在无比艰难的气氛和局面里找出自己的生路、生机和生活来。

是啊，别人的人生是一次生死考验，或许有了些生命的觉悟。他是九死一生，多次向死而生，心越来越大，越来越强，越来越正，也越来越开。

你说，王阳明做的都是其他人不愿意做或做不了的苦活、累活、难活。但有一件事是他主动选的，就是宁王叛乱的时候，他本不在南昌，可以不卷入，就是为了圣人之道躬身入局的。巨大的事功，是他心学的最强佐证。

谁都知道宁王有乱心，只是不知道什么时候会真的作乱，判乱真的发生了，谁也不愿意立刻主动地承担责任。但王阳明发心，勇猛精进。

你说，战场上，宁王的心是虚的，而王阳明是正义之师，攻心为上，是建立在道、生命本质和人生的认知上，他撒在水中的给宁王士兵的免死金牌，就是心术。而阳明的动力，是想成就自己的圣心，此心光明。

这就是龙场悟道之后——水火之下，战中悟道。水火悟道，比龙场悟道更进一步。从“心即理，心即宇宙”的儒学理论突破之后，直接导致了“知行合一”之后“致良知”的提出，是儒学理论和实践的双重突围，一词可容知行二意，真正完成合一。

我刚好看到乔治·威尔斯《全球通史》里写的一段话：“当一个人的内心已经抓住了一个巨大的问题的实质，并且向前迈进时，他只知道一点点巩固已有的知识，并不清楚自己已经取得了怎样的成就。等到有一天，就像太阳突破天幕、黑暗中出现光明一样，胜利的成果最终显现。”那是作者形容乔达摩树下悟道时的体悟，我觉得阳明的第二次水火悟道，好相似。

人心那一点灵明，他用得很彻底了，他提灯照亮了人性黑暗的洞穴，唤醒人们，找到人性的光明，光明也有大功用，光明本就是自然。

你说，现代人的动物精神用得太过了，功利、实用之外，我们很少追求别的了。感情都在丢失，生命的多元性、丰富性都在枯萎……

（五）致良知

水火之中，世间事上磨炼的，就是那光明，强大的此心。

四十八岁，刚刚平了宁王之乱，王阳明马上遭受了质疑，这就是忠、泰之难——张忠、许泰、江彬等人处处刁难王阳明，甚至要陷害他。武宗问他们怎么验证，他们说，如果召了他没回，就是反了。然后故意把阳明拒在芜湖。王阳明不得已，才在九华山上打坐等待。

四十九岁的时候，王阳明遇到了一个奇人王银，他本是泰州安丰盐场盐丁之子，后来因商赴山东，偶然经过孔子庙，感叹“夫子亦人，我亦人也”，于是立志向学。阳明跟他说，自己在应付宦官刁难时全靠良知指引。

王银特地穿古冠服，执木简，写了两首诗来拜访他。王阳明看到特别的人（异人）就会很惊叹，还从楼梯上下来迎接。王银戴的冠是虞氏冠，穿的是老莱子（春秋晚期思想家，道家人物）服，后来被王阳明的致知说感动，说："吾人之学，饰情抗节，矫诸外；先生之学，精深极微，得之心者也。"

外在的东西，即便再好也融合不进内心，是因为内心里并没有"意"，没有心悦诚服。人生最难是"我甘愿，我真信"。

内外一致的感觉其实是非常美好的，它的破立也是瞬间完成的，不需要拧巴、纠结、内耗。它会生处转熟，熟处转生，它会得力处省力，省力处得力。同频同道之人可以快速心连心，一起做研究、做现实事业，"得心应手"是多么重要。

那年三月，不下雨，禾苗枯，继大战之后，又有流民作乱，王阳明尽心安抚。这一年，他已经是第三次提出"退休"了，想返乡给祖母举行葬礼，但是朝廷还是不允许。

五月，江西发大水……他继续收拾局面，第四次请辞，父亲又病了，但朝廷依旧不允。

一晃就到了五十岁。“良知真足以忘患难，除生死”，在写信给邹守益的时候，王阳明主要论述了“致良知”——“近来信得‘致良知’三字，真圣门正法眼藏。往年尚疑未尽，今自多事以来，只此良知无不具足。譬之操舟得舵，平澜浅濑，无不如意，虽遇颠风逆浪，舵柄在手，可免没溺之患矣。”

你看，风浪再大，舵柄在手，良知就是内核，就是定海神针。人生里总是有很多不自由、艰难、煎熬，甚至是百死千难，还是要清醒、稳定和警觉。

“致良知”的提出，让他充满了力量，因为他终于感觉到，儒家这样专注于此生的思想体系，其实也有一个不生不灭，趋于永远的核心能量。佛家的“见性”，道家的“自然”，在儒学里就是“良知”。他愿意以毕生所悟，不断为其再注入自己的心力、心思、心意、智慧和行动，更重要的还是行动，致良知。

阳明说：“良知二字，实千古圣圣相传一点滴骨血也。”“这个良知，我是从百死千难中得，才体会到的。不要把它只当成一种光景玩弄，一定要落到人生实难之处。”实难之处，才发现良知在闪闪发光，赋予人心以无穷无尽的宇宙力量。

人能冲破一切阻碍，在满是荆棘和威胁的地方逃出一条生路来，能够精准地避开任何死关、监视，指引前行的就是内心的良知之光。

阳明自己的体悟是，良知无不具足，将“吾心”“吾性”这种带有“我”“心”的偏于个人内求、偏于佛道的概念，变成了更广大的统摄经济、政治、社会等领域的大场域“良知”，可以更加符合“内外一致”的行知普遍性，更偏向公共领域。那些局限于自我的幽暗矛盾中的人，也可以马上去蒙昧、去猜疑、去魅扫相，心可以完全向宇宙世界敞开。

每个人都可以拥有一颗这样的光明透彻心，人人都可以有自己的光明内核，都可以照亮自己的黑暗，乃至人间的黑暗。这样，王阳明完成了与流传几千年的主流儒学的对接，在根源上有了动力支持和人力支持。良知也有了代际传承、文化遗产的能源系统。

阳明心学理论发展到接近顶峰的时候，现实中的转机也来了。拨云见日了。

你看，就是要相信太阳。

阳明五十岁这一年，武宗驾崩，世宗嘉靖继位。王阳明又有了一段新的相对平静的时光，被封为“新建伯”，还兼任两京兵部尚书。

对啊，五十岁还能做什么？再大的风浪也有过去的时候，对自我的探索张弛有度，随着生命体验的丰富，多个侧面正在展开……正的深处还有许多多元的正，光明的光遍布一切……

我觉得心学本身就是生命意识哲学的核心理论。

水火之中，世间事上磨炼的，就是那光明，强大的此心，此心丰厚富饶无限，是天生的良知。

五十岁，还能做什么？以前是奔跑，现在是审视、观察、哲学化，发扬光大最大的核心。五十才知天命，才明确了自己的天性，更能安道而行。

四十多岁，如何稳定内核？

人应该持续不断地研究自己的心，人类的心。不光要研究人性，而且要研究人心本身，因为研究人性总是容易二分法，明明暗暗，太过理性，研究人心可以统一自己的意志，统一自己的本我、自我和超我。

研究阳明的四十一至五十岁，真是一段奇妙的过程。他三十七岁龙场悟道，四十八岁水火悟道，悟后不是遁入空门，而是迎接更高阶的悟。悟才是入门，后面的过程会更加立体，生命会更加丰富。悟也不是万事大吉、大彻大悟、无所畏惧、内观无限、风生水起了，反而是所遇之事复杂度更深厚，水深火热，心力所磨需更加精一。

所谓“理可顿悟，事须渐修，应次第尽”“若在暗时不见明故，名为不见；今在明时不见暗相，还名不见”（《楞严经》），刚好你可以通过你的底层悟道，开启更多层面的精进学习，越来越坚实自己的核心。你也将体会到悟道再生的巧妙，很多熟悉的事物都可以重新审视一遍。见山，见不是山，见还是山，之后仍有新的绵延。

你所好奇的一切，会让你的悟更加立体，生命更加丰富。

人只要活在这世上，若不是隐居山林出家避世，在人世间还会再历重重考验，也会迎接闪亮的挑战。但一旦有儒释道合一的穿透底层逻辑和本质的智慧，你将迎来的是那种对于熟悉的事物的不同视角的丰富错落的理解，你生命里滋生出来的是多元、丰富，而不再是单一的执着。

对，让生命丰富和活跃起来。你的心，一点灵明，会告诉你在各种现实场景应该怎么办。

历史发展势不可挡，风云变幻之下，你被世人看见的、肯定的优势和才华，将成为你的“定路”和定局。你就在你的“定路”旁，如其所示，从容不迫，并可将心路历程转为心学体系。

我们一定要创造。创造心学，有两个关键步骤，一是悟道，二是找源头。王阳明三十七岁龙场悟道，心即理，四十一岁在《大学》古本里面发现诚意功夫。

苏东坡也差不多，四十二岁经历生死劫，四十六岁开始悟道水哲学，同时躬耕东坡，在荒地里找到了水源，就如同找回了自己。

> 昨夜南山云，雨到一犁外。泫然寻故渎，知我理荒荟。泥芹有宿根，一寸嗟独在。雪芽何时动，春鸠行可脍。（《东坡八首·之三》）

找自己的原创感，持久的创作感，用生命为它雀跃。

> 问："先儒谓'鸢飞鱼跃'，与'必有事焉'同一活泼泼地。"先生曰："亦是。天地间活泼泼地，无非此理，便是吾良知的流行不息，致良知便是'必有事'的工夫。此理非惟不可离，实亦不得而离也。无往而非道，无往而非工夫。"（《传习录》）

我发现苏东坡的水哲学，形成了"无—水—有"，将水作为创造主体，离无入有，随物赋形，形成心物一体。而王阳明则是"无—行—知—有"，把水分解成了行、知，是先点燃那个意，然后扩充推致，像汽像水一样流出去。

所以，王阳明在苏东坡的水哲学之上，融合了儒释道的“火”性，活泼泼的，有温度的，他肯定了光明的绝对性。

他们相差435年，文化经过了几百年的发展，让个人除了凭借自身的力量发挥最大能力之外，也扩大了领域及其融合，不仅可以注解传统经书，形成自己的独特学派，还可以建立新的新核心。集大成的第一个版本和第二个版本，出现在历史的必然图景里。

如何让自己的内核稳定？“致良知”，保持和相信光和热。他是怎么验证的？在极致条件下验证，比如生死之间、水深火热的战场中，虽然他承认黑暗的存在，但也相信光明的绝对力量。

源头观，光明观，最终形成的是澄澈而光明的心，就是那个稳定的自己常常修炼的动态内核。这个内核周围又形成了影响力。

心学在阳明研究的时候就同步到了很多朋友和弟子心里，也同步传到日本等地。所以这股力量是第一性的、底层的、没有什么分别心的，适用范围很广。想修炼的人绕不开这螺旋向上的一路，心纯见性，充满悟后能量。日本现代著名的实业家稻盛和夫，他的一生信念就是提高心性、磨炼灵魂。燃烧的斗魂，产生于善意的动机。你看，这股温暖的火一直自燃着。

孟子说，他四十岁之后就不动心了。怎么不动心？培养自己的浩然正气，日积月累。

孔子是泰山崩于前而不倒。我们现代社会，是孤独社会、风险社会，人要有能力让自己活在不需要考验人性的生活情境里。孤独要用更宏大的世界去稀释，而不是太依赖于亲密关系；风险要用自己的理性定期评估分析，远离内耗和外耗你能量和资源过多的人和事。

希望人人都是内核自足的人，修炼自己的专注力和判断力。有笃定的内核，有自我蜕变的能力，然后，哪怕微弱，也要把自己活成一道光。

活在当下，是有平和的价值心境和周全的方法论的，去傲，去燥，去惰。

改革开放至今四十余年，经济的高速增长中，大家很容易忽视周期，大多数人并没有经历过真正意义上的低谷期，顶多是蛰伏几年，心力和外部动力还能自我修复。

但时代和周期是不一样的。周期永循环，时代是特定的。

行业轮动发展，一个行业衰落了，另一个行业会崛起。人们把趋势看得清晰、通透，但内心还是不安的，甚至往往会有生死疲劳的感觉。

提问就是答案（Prompt 生成 Token）。四十五至五十岁，是宝贵的思想成熟期。不仅是王阳明，苏东坡和塞涅卡也是。

四十五岁，西方斯多葛学派代表塞涅卡被流放，此后八年，也是他著作的集中书写期。写作和研究帮他度过漫长、恐惧和无望的流放生活，于困顿中学益力、思益勤，对自己内核思想的确信与日俱增，使命感和天命感自然就有了。

塞涅卡和苏东坡之间确实有很多相似点。

塞涅卡出生于公元前四年，是家里的老二，自幼在罗马学习修辞学，喜欢哲学。他服侍的第一个皇帝是提比略，平平无奇地度过；第二个皇帝是卡利古拉，曾因嫉妒想杀了他，但他因为装病逃过一劫；第三个皇帝是克劳狄乌斯，这次的劫没有躲过去，他被没收一半财产之后流放了。那一年，他四十五岁，妻离子散，刚出生不久的幼子还夭折了。

苏东坡也是在虚岁四十五岁（1080 年）时，被贬黄州。他在黄州生活了快五年，写了《东坡易传》《论语说》几本书，躬耕东坡，建筑雪堂，还留下了璀璨的文学名篇《定风波》《浣溪沙》《赤壁赋》《后赤壁赋》《念奴娇·赤壁怀古》等。当他出了黄州，在江宁的时候，朝云给他生的小儿子也夭折了。

他们人生的相似点还有不少，塞涅卡在八年之后回朝，原因是克劳狄乌斯被新皇后阿格丽皮娜说服，还任命这位文化界名人担任儿子尼禄的老师。

而苏东坡能够重返东京，也是因为宋神宗驾崩之后，高皇后变成了高太后，让他这位文坛盟主也变成了哲宗的老师。尼禄后来毒死了自己的母亲，塞涅卡几次想向尼禄请辞，代价是交出全部财产，但未被批准，最后受到皮索谋刺尼禄事件败露影响，尼禄顺势逼塞涅卡自杀了。

而苏东坡呢，在高太后于 1093 年薨逝后，也开始了在惠州和儋州的贬谪生涯。

他们的人生，起起落落的曲线都如此相近，人生容量和丰富度都极大，从绝境低谷到高峰，什么样的苦和乐都经历过。你看，他们在经历人生大劫之后，专注修炼的是自己的核心思想，并且一直输入输出完善它，超克或顺适。

如果人生面临巨变，该做什么呢？稳固和更新自己的内核，做思想性的积累，为日后的心智自由做准备。你看，苏东坡比塞涅卡更顽强一些，他在日后的两次贬谪中，还在继续创造、继续更新。而塞涅卡丢了性命。

人生中途，西方人会靠近塞涅卡，而东方人会靠近苏东坡和王阳明。怎么应对不确定性、无常和命运打击？斯多葛主义提倡的是做好最坏打算并且随时准备着，他们要对逆境进行预演，认为逆境是上帝和宇宙给他们的训练。无论命运赐予什么，智者都会把它们转化成令人钦佩的东西。智者是驯服不幸的专家。

四十五岁后，大抵就是什么样的生离死别都会发生，工作会失去，事业会波折，孩子会叛逆，伴侣会背叛。很多人经历低谷之后，靠自己走出来了，但没有完成内心的升级，变得坚强冷酷，恰如斯多葛学派强调不动心，巨量的宁静，任何事情的发生都不能干扰你，才是心灵伟大的证据。自我的精神力量是撑起来了，但内心失去了很多养分和爱，那不是真正的独立。

其实大家都是有志于哲学创造的人。王阳明是被动经历生死劫之后悟道，悟道之后还去主动体验生死劫，在水深火热的战场上再悟自己的道。

人生内核的凝练就在于所有事情都要朝着获得智慧和培养更好的品质前进。这才是强者的温柔。

说完古人说现代人，其实一样适用。人就是应该用核心思想统领自己的所有行动，又用行动加固和稳定自己的内核。

你说起芒格。2023 年底离世的芒格，偶像是富兰克林。富兰克林也是百科全书派的代表人物，接近我们中国人所说的圣人，做过编辑、作家、立法者、科学家、发明家、外交官，是独立战争英雄，也是美国的创始人之一。四十二岁，富兰克林退出商界，更专注于当一个作家、政治家、慈善家、发明家及科学家……他活了八十四岁（1706 年—1790 年）。而四五十岁，人生半程之上，要自己给自己颁发新的通行证，通向真正想去的地方。

主动去变化的动力，一定是自己的诚意和思想，一定是自己给自己点亮的光明之路。

芒格自己也提出过“内心分数表”——“当你看到某样你真正喜欢的东西时，你必须依照纪律去行动。”（芒格《穷查理宝典》）“如果你希望完成一件事，那就行动，如果不想，就迈步走。”（富兰克林《穷查理年鉴》）也是知行合一的。

你还说起德鲁克，他说知识工作者，尤其是那些业务高度精湛的知识工作者，很可能在四十五岁时陷入一场精神危机，工作不再能让他们获得满足感，十五至二十年后，对行业了如指掌，然后就会陷入无聊和枯燥乏味。

管理者必须在四五十岁发展组织外的自我生活，不再依赖组织、不再依赖体系和他人给的晋升和鼓励。

德鲁克说，我们必须学习为业务精湛且年龄达到四五十岁的专业人员和管理人员开发第二职业。通过一些不同的事务，或至少在不同环境和机构中发挥作用，来接受新的挑战，抓住新的机遇。

从生物学角度说，大脑到二十五岁才在生理意义上成熟，五十岁，大脑就开始功能衰退。所以，四十五岁之前应该积累大量的知识、信息、智慧等。

德鲁克其实是一名社会生态学者，他真正关心的是个人在社会环境中的生存状况，管理则是新出现的用来改善社会和人生的工具。他还特别注重“自我管理”的问题。

非常巧合的是，德鲁克（1909 年—2005 年）的大部分著作出版于二十世纪六七十年代，就是他的五六十岁时期。他的写作高产时间，正是五十岁附近。人啊，开始有内核就是近四十岁，然后内核成熟、更加坚韧的时期就是五十岁。

他认为，人本来就需要博雅（liberal）和技艺（art），一个是根本认知智慧，一个是实行和应用。你看，跟王阳明的知识和心力系统构建是一样的。功能社会和绩效要求需要你去适应；对人的关注可以让你提升；自我管理可以让你在四五十岁时焕发第二次生命；而基于时间的、跨学科的、终身的学习观念，可以让你保持一种每天都一样的惯常性。

要做常青树，就要有很多的根系。古今中外，内核稳定，就是多侧面建构人生。

三

花

花序

我想用三个词语把王阳明三十、四十、五十岁的人生阶段都表达出来。

三十是洞，阳明洞天小悟道，龙场大悟道。

四十是知行合一，研学合一，诚意正心，坚固内核，是水火之中形成哲学。

五十，提出“致良知”，随后提出“四句教”，心学像花一样开放。

山上的洞，洞里的水源和火光，山里和水边开的花。一切都是那么自然。

2023 年 10 月 4 日，我在一个时空点里停住了。我就站在绍兴的“阳明故里”，他的生平脉络在一条长廊上呈线状铺陈，我非常感怀。

五十六岁的王阳明，本来只想在绍兴教学、研究、养生、养老，却还要被派往广西思恩、田周平叛，两年后成功完成任务，却在返回绍兴的路上在江西大余南安的一条船上“走了”。

我在那个时空交汇点，在那个时间段面前久久站立，感受到了一股巨大的心能和心力。体会到了某种“止”——他的“止于至善”和我的“时空静止”。

一念起，该是我写这本书的时候了。春光纷霏的时候，花开好了，书也写好了。在时光里能够慢慢实现的东西，其实都是早就被观察好的。

王阳明在绍兴的时间主要是五十二至五十六岁。南镇观花，也发生在这一期间。

先生（王阳明）游南镇，一友指岩中花树问曰："天下无心外之物，如此花树在深山中自开自落，于我心亦何相关？"先生曰："你未看此花时，此花与汝心同归于寂；你来看此花时，则此花颜色一时明白起来。便知此花不在你的心外。"

你看，心也就是花，花也就是心。

人啊，要有流传千古的强大的思想、概念，让他的生命力、创造力、行动力、影响力都灌注到一个"词"里。人心是需要极大的力量去启动、去坚持的，强的、正的力量，到底如何凝集，让我感到极为好奇。

三十五岁之后，人的内核在形成。有了这个意识，我们现代人恐惧的年龄，在我心里变得充满魅力。这种魅力，是阳明带来的，且至今没有祛魅。

我发现了"五十岁"。我知道了，人要停住，然后欢喜。我只要写作，就是回家，只要回家，就能找到源头，就能有新鲜启发。

我是财经媒体"秦朔朋友圈"的创始主编，九年日更，职场上也是日用心学。我从家乡回上海不久，就在“秦朔朋友圈”发了十篇“五十岁，还能做什么”系列，好多篇阅读量都超过十万，最高的那篇有六十多万，是我历年发表的最高值，也因此认识了很多国内外的朋友。

我从 2016 年开始叫自己水姐，那年 5 月 1 日发表了一篇关于王阳明的文章（《王阳明：强大的内心，谋略与匠人精神》），从此固定用这个笔名。

所有的一切，都是因缘际会、量子纠缠。

花，或许早就开好了。

（一）碧霞池悟道

开花即宇宙，开花即心诚（成）。

五十岁，花开好了。我们一起赏花吧，会有奇效——以后看到花，你就会想到内心世界，内敛有核，收放自如。

正德十六年（1521 年）八月上旬，五十岁的王阳明因平定叛乱被授职南京兵部尚书，终于被允许回到绍兴。

随即，他写下《归兴二首》：

百战归来白发新，青山从此作闲人。峰攒尚忆冲蛮阵，云起犹疑见虏尘。岛屿微茫沧海暮，桃花烂漫武陵春。而今始信还丹诀，却笑当年识未真。归去休来归去休，千貂不换一羊裘。青山待我长为主，白发从他自满头。种果移花新事业，茂林修竹旧风流。多情最爱沧州伴，日日相呼理钓舟。

你看，他的五十岁，不是写“桃花烂漫武陵春”，就是写“种果移花新事业”。都是“花”的相。人活着总要有个主题，使你魂梦系之。

阳明自己对五十岁也有清晰而深刻的记录。他在《归怀》里写道：

行年忽五十，顿觉毛发改。四十九年非，童心独犹在。世故渐改涉，遇坎稍无馁。每当快意事，退然思辱殆。倾否作圣功，物睹岂不快？奈何桑梓怀，衰白倚门待！

你看，五十岁左右，童心犹在。一个圣人，也是活泼泼的人。他有着永远更新自己面貌的心力，面对各种被动、难处、至暗，永远有鲜活的能量。

我理解的王阳明，就是一个活泼泼的人，一点都没有儒者的铁面和古板，他充满了感情和情怀，懂音乐、会舞蹈；

徜徉于山水之间，观花赏月；会书画，随感而应，无物不照；他五十岁左右还说自己“童心犹在”；他是当下师，常快乐，是赋予生命者。他上课都是热热闹闹的，九声四气歌唱着；他讨论问题都像开派对；他的生命就是欢喜地参与世间的苦难……

五十一岁，他在绍兴，想退掉封爵，未被允许。那年，七十七岁的父亲龙山公辞世。他人生中最留恋的感情载体——祖母和父亲都走了。这一年，朝廷倒是论证了他的征藩之功，封王家几代都是“新建伯”。

父亲的死，倒是给了阳明在绍兴丁忧三年的客观宽松环境。悲伤过后，他有足够多的时间好好静心做学问，外面也不会对他产生过多阻力和为难。人都有形式上的、礼仪上的不再刻意为难的空间，或者认为不足为惧、暂时不对付的时间段。

人呢，看似在悲惨的境地里，其实也能在一定程度上形成一种保护罩。他的生命，终于不再只是枪林弹雨。

王阳明五十二岁的时候，张元冲（嘉靖进士，曾任江西巡抚，王门浙中学派，主调“真切纯笃，戒惧慎独”），问他道家和释家跟心学的关系。

王阳明说，心学都可以取用，所谓“圣人与天地民物同体，儒、佛、老、庄皆吾之用”。“圣人尽性至命，何物不具”，只要是合适的，都可以为我所用，比如道家可以完养此身，佛家可以不染累世。他甚至形象地比喻儒道佛三间共一厅，非要区隔，把佛放左边，道放右边，自己放中间，没有必要，这样会举一而废百。

> 譬之厅堂三间共为一厅，儒者不知皆吾所用，见佛氏，则割左边一间与之；见老氏，则割右边一间与之；而己则自处中间，皆举一而废百也。（《阳明先生年谱》）

儒释道融合，花都开好了。

他的心越来越打开，越来越包容，水和火都相互包容了。你看阳光（火）、水、空气，就是花所需要的关键三要素。

王阳明五十三岁的时候，他的学生南大吉就任绍兴知府，然后重修稽山书院，增添了尊经阁，聘请他主持。他书写的《稽山书院尊经阁记》里也身心宁怗、洒脱直接、柔和顺畅：

> 心也，性也，命也，一也。通人物，达四海，塞天地，亘古今……六经者非他，吾心之常道也。故《易》也者，志吾心之阴阳消息者也；《书》也者，志吾心之纪纲政事者也；《诗》也者，志吾心之歌咏性情者也；《礼》也者，志吾心之条理节文者也；《乐》也者，志吾心之欣喜和平者也；《春秋》也者，志吾心之诚伪邪正者也。

你看，“六经”都是心学，他进一步扩大了自己学说的涵盖范围，或者说中国文化本就是心文化，心学的提出刚好总括了它们的共同思想基础。

这个时期，他衎尔有序，理论充满了盛开绽放的感觉。

另外，在他五十三岁那年，六十八岁的海宁人董萝石来访——用杖挑着自己的诗卷，就这么赶来了。王阳明跟他聊了很久，一起徜徉山水之间。大家都不知道为什么一个老翁还要走苦旅来求学。

董老说："你们以为我苦，其实我不苦，我要做自己了，做自己喜欢的事情，我就是'从吾道人'。"

> 吾方幸逃于苦海，悯若之自苦也，顾以吾为苦耶！吾方扬鬐于渤澥，而振羽于云霄之上，安能复投网罟而入樊笼乎？去矣，吾将从吾之所好。（《阳明先生年谱》）

王阳明弟子把董老专门记录在了《阳明先生年谱》里。你看，他是多么鼓励个人创新啊。个人生命的创新，其实就是内心有核，多晚意识到都不晚啊。

五十岁后，还能干什么？有大把困扰你的人生问题，突然在某一天豁然开朗了。你欣赏的那朵花，原以为是你一瓣一瓣画出来搭配出来的，其实是它早就要长成那个样子。你曾经过于偏重某一瓣，却忽视了对整体的观赏。只要你过了生死关，就看花自然开自然落就好。

五十三岁的时候，王阳明特别喜欢在碧霞池里创作各种诗。这一年好像特别重要，中秋的时候，大家在碧霞池和天泉桥边学边玩儿。王阳明那里的学习氛围总是很好，人心都活泼泼的，氛围一定是创新的、轻松的、宽容的。

他反复提到自己喜欢曾点，“铿然舍瑟春风里，点也虽狂得我情”。为什么孔子喜欢颜子和曾点？因为他们是儒家里自我道路最清晰、极致、无悔和真快乐的人。贫，真的很难安，极少数人能够做到，所以颜子了不起；轻松自在安静，个人容易获得，但真的很难在群体中共享这种氛围，曾点描述出来了。内心图景社会化的理想，更需要一个至真的人去守护。

孔子弟子三千中有才华、有道德、有能量的人很多，真正安贫乐道、至真至纯真乐的人，天真自由又坚定的人生样本极少。

水边月下最可清谈。弟子舒伯问王阳明关于“敬畏”的话题，他说：“戒慎不睹，恐惧不闻。”“不可须臾离也。”人啊，如何戒慎敬惧，戒惧克治，就是常提不放，必有事焉。不是用给自己加压的方式坚守道行事，就是让自己天真、自由、坚定。

人呢，坦荡荡的，接收的东西才多，智慧才开。至于洒落“人生达命自洒落，忧谗避毁徒啾啾”（《啾啾吟》），并不是旷荡放逸，是心不被欲望所累，各种感觉可以自由出入，那么天的、地的、人的，很多方面都能丰富起来，融合起来。

他说，良知就是“天理昭明灵觉”，没有遮蔽，没有牵扰，没有歉馁愧怍（感到惭愧或羞耻等）。从孟子到王阳明，良知有了更多哲学和美学的阐释。良知不是需要让人摸着良心自我反省责己，那种压迫感很重的味道，而是灵感型的良知，你永远知道该怎么办的轻盈感、光明感，甚至幽默感，有时也会渗透其间。

弟子还问他关于“入山养静”的问题，他的意见是，如果养过头了，就空寂了。养心应该随着虚实寒热斟酌补泄，并没有固定的药方。儒家强调的是“时中”，人生就是变中妥帖。

先悟道，再入山，才更有感觉和味道。就像我是研究了苏东坡和王阳明的哲学底层逻辑之后，再去他们去过的地方，就会更有“昭明灵觉”。

有一天，他又坐在碧霞池畔写诗：“一雨秋凉入夜新，池边孤月倍精神。潜鱼水底传心诀，栖鸟枝头说道真。莫谓天机非嗜欲，须知万物是吾身。无端礼乐纷纷议，谁与青天扫宿尘？”（《碧霞池夜坐》）

万物都是我的身，都可以感而传到我心。多好，我以前最喜欢说：任凭世事变化，内心鱼鱼雅雅。“潜鱼水底传心诀，栖鸟枝头说道真”，鱼鱼雅雅，也是为了传心啊。

碧霞池畔的作品，还有很多——“独坐秋庭月色新，乾坤何处更闲人？高歌度与清风去，幽意自随流水春。千圣本无心外诀，《六经》须拂镜中尘。却怜扰扰周公梦，未及惺惺陋巷贫。”（《夜坐》）

其实，虽然他在绍兴隐居，但是外面的所有事他都知道。这就是心的功能，和现今连 Wi－Fi 知天下事一样。碧霞池水流向西边的伯府大埠头，汇入西边的西小河，再流入护城河，最终汇入鉴湖，可能古时还能通到钱塘江。水真的是四通八达，人的心也一样。

据说他建有一个专门的“观象台”，是观天象和打坐的私人之地。

碧霞池是王阳明自己取的名。有一个说法是，取自碧霞元君泰山娘娘（类似于送子观音），他想求子。1525 年正月，王阳明五十四岁时，夫人诸氏病故，他续娶张氏，次年十一月生子正亿（原先只有一个过继的儿子），老来得子，也是开花结果。生命中，很多事情，都急不来。

五十四岁那年，绍兴的阳明书院建立。

还有一个隐忧，照理说，同年他丁忧三年期满，该返朝任职了。

五十六岁，他提出，“人在仕途，比之退处山林，功夫难十倍”。（《与宗贤书》）人在仕途，要有极大的心力，培育强的、正的、顺的心力，或许是一种方法。

那年，他还对自己的学问做了概括：“患难困苦之余，所以动心忍性，增益其所不能者，宜必日有所进。养之以福，正在此时，不得空放过也。圣贤论学，无不可用之功，只是‘致良知’三字，尤简易明白，有实下手处，更无走失。”用功，就是在“致良知”上用功。

他强调“为己之学”，意在成就真正的本己，亦即“真己”。“真己”能彰显良知，也能体现良知自由的品格。

他说：“依此良知，忍耐做去，不管人非笑，不管人毁谤，不管人荣辱，任他功夫有进有退，我只是这致良知的主宰不息，久久自然有得力处，一切外事亦自能不动。”又说：“人若着实用功，随人毁谤，随人欺慢，处处得益，处处是进德之资。”

你看，人能不理会外境，内心世界可以忍耐和消化所有事，是因为自己有“得力处”，“不动”，“着实用功”，所以内心庞大而自由。

五十六岁，他又拖了两年，各种前情仍未最终落定，朝廷对他的“是是非非”讨论来讨论去，还是安排他去广西平叛。

临行前一天，他在家里碧霞池上的天泉桥上设席。如今我们看到的池，已经非常小了，桥则完全不见了。但他就是在那里，谈了四句宗旨——“无善无恶是心之体，有善有恶是意之动，知善知恶是良知，为善去恶是格物，以此自修，直跻圣位；以此接人，更无差失。”

我站在那一池水边，轻轻地，久久地，感受着在这么普通的池塘上、桥上，竟诞生出流传几百年的四句教，想着在这普通的场景中，他的思想到底是怎么升华的。我觉得，他可能有了第三次生死之际的悟道，他知道他大概率回不来了。

龙场悟道，水火战场悟道之外，又有了碧霞池悟道，也是天泉证悟。实际上，碧霞池上有过好多次对话，不只是天泉桥这一夜的四句。所以我称之为碧霞池悟道。

我想，应该是弟子钱德洪、王畿等听了有所醒悟，就像当年唐代高僧永嘉玄觉见了六祖慧能之后，在他那里留宿了一晚，当晚开悟了一样，有“一宿觉”之功。心印心、人启人这件事，历来是最神奇的，也是最实在的，且还能流传开来，甚至流芳百世。

后来，弟子们虽然对这四句的理解多有不同，甚至争论不休，但是能够引起争议才更有生命力和延续性。而我喜欢这本来的四句，因为它最能体现跟苏东坡的关联。

当时，王阳明的身体已经非常虚弱，全靠心力维持。两年之后，广西之乱平叛成功，他病逝于一条夜停泊于江西南安青龙铺镇的船上，遗言是：“此心光明，亦复何言？”我泪目，他的心可以不滞留于任何困境和苦难。

“完成感”这件事，对于心学来说，是如此重要。“知行合一”、“致良知”被反复验证。我常幻想一个人的心境，经历过至暗时刻，然后一点点把自己的心再度点亮，越来越亮，外界的所有的输入终将经过这“吾性自足”“一照而皆真”的明亮的心，再输出适用于现实的光芒，这光芒四射，至今仍是。

心力永不衰竭，只是身体是大患。老子说，“吾有大患，及吾有身”。

生活中，当我们被迫承担很多责任，被迫接受很多挑战，周围的空气里全是逼仄和灰暗的时候，他还是选择了最明亮的方式，这才是心学有温度、有亮度的地方。

（二）南镇观花

王阳明在《南镇祷雨文》里说：“某生长兹土，犹乡之人也。”他生在余姚（今属宁波），年轻时候一部分时间住在山阴（今属绍兴）。余姚和山阴，他都当成自己的乡。

南镇当时处于会稽山，据说那里有个南镇庙，供奉了很多神。南镇观花，大概发生在居越期间（1521 年—1526 年），王阳明五十多岁。

我们先看看儒释道里的“花”。儒家里的花原本都比较具象，比如君子如兰，就是美好人格；而道家，如《太乙金华宗旨》，金华即金丹，就是修炼好的内核；佛家，如《法华经》，“若人散乱心，乃至于一华”，强调从乱到静，归于一的过程。

禅宗写着：如春在花。《石门文字禅》卷十八说：“如浩荡春，寄于纤枝；如清凉月，印于盆池。”如春在花，随处充满，明秀艳丽，在在即是。花是在，在即是，花是一，花是一切。

王阳明，让儒家的“花”从具象变成抽象，南镇观花，让花有了更多更广的内涵。花即一切，此花即我心。

花是克己、为己后的成己。心唤物至，花也开，花是自己开的，触角是自己要延伸的，自我是自己形成的。

内心流出一朵花的形状来，事情就变了，心花怒放是有现实影响力的。

花不仅有花开花落的自然，开落还全在心里。生命有时候就是即兴发挥。

薛侃在江西种地的时候问王阳明：“天地间何善难培、恶难去？”王阳明说：“未培未去而。”意思是就是没有行动，不能直面而已。很多事情来你面前，你有很多选择和焦虑恐惧之处。

王阳明又说：“此等看善恶，皆从躯壳起念，便会错。”

人要从心起念，就是带着宇宙的纯粹的心；如果从身起念，就往往都是欲望。

人的大患都来自具体的身体，或者说身心，用你的局限性，而不是你的完满接纳性去看这个世界，就会是坑坑洼洼的，所以还是要以合一的观念看。虽然你看似残缺，但在宇宙的视角里、范式里是完备的。

什么意思？

你永远可以回归你的源头，回归自然与人类本性的底层，去汲取你所需要的还未被发现和感知的力量和潜能。

你看，我们有洞，有空气，有水，有光，有花。

王阳明还说："天地生意，花草一般，何曾有善恶之分？子欲观花，则以花为善，以草为恶；如欲用草时，复以草为善矣。此等善恶皆有汝心好恶所生，故知是错。"

无善无恶心之体，花草也是无善无恶的，没有分别心，就没有好恶心。

另外，花开花落，本是无常。等到把花也变成了有常，就有了相对恒定的世界观、人生观内核。有内核可以运行，那么世间万物，就能境随心转。

我们现代世界远比古代世界发展更丰富，有更多的生长性、冲突性，人生饱满的可能性也会更大一点，这是我们的现代优势。对于心学的发展而言，找心能、心力，找源头的能力也要更简单直接一些。

我写心力、心能和心源，是想探寻身心如何在任意时光里都能有个合适的安放之处。我们爱的人事物，都是我们心的投射罢了。

约翰·凯里说：“历史最有用的作用之一，就是让我们明白，过去几代人是多么强烈、真诚和痛苦地追求他们的目标，而这些目标如今在我们看来又是多么荒谬和可耻的。”

所以，人的心啊，调整的幅度不是一点点就够了的。有时候，种种观念的遮蔽力，得花很大的心力才能挪移。年纪越大，挪移越难。

所以，得先接受，天地生意就是一体的。好的坏的，全源自你的发心。这样，你的用力，才会不太耗能。

一个人的花，就是一个人的世界观、价值观，它开好了，就是完整且唯一的，它可以收敛、吸收所有的能量。

三十五至四十五岁，我们更加深入地融入世界，融入人生和生活之中。

四十五至五十五岁，我们开始与人生有一种疏离感和超越感，适当离开人和生活。于是花开花落，都在内心，而不在外在。

有一种观点认为，薛定谔的猫和王阳明的花，都是量子力学。据我观察，薛定谔这样的科学家，也写过一本小书，书中使用了“自我”（atman）和“梵天”（brahman）。

能不能形成内心的一朵花，就在于内心有没有思想之核，在于他的人生是否在有限中包含着无限。这种对无限的探索，会让后人觉得他们是个谜，因为他们足够“全”，所以可以不断探索其中内涵。

西方人也喜欢画曼陀罗。荣格就说，曼陀罗的真正含义是“成形、变形、永恒心灵的永恒创造。”这便是自性，也是人格的完整性，如果一切顺利，自性便是协调的，但自性无法容忍自我欺骗。

荣格（1875 年—1961 年），也是在四十五岁左右，即 1918 年—1920 年期间，开始领悟到精神发展的目标就是自性。精神发展不存在线性演变，只有自性曲折的发展。均衡性最多只是在开始的时候才会存在，随后，一切都朝向自性这个中心点发展。

他说：“这个想法使我稳定下来，慢慢地，我重新获得了内心的平和。我知道，在找到表达自性的曼陀罗之后，我终于获得了代表终极性的目标。也许某人会知道得更多，但那个人不是我。”

你看，荣格在精神上有了一种发现的极乐，也是用花来代表的。曼陀罗是所有内在觉知的源头。因此，它也被认为是连接尘世和不朽之间的桥梁。曼陀罗，是成为，也是不成为。

克里希那穆提说“曼陀罗”这个词在语源上的意思是“深入思考‘不成为’”，还意味着“消除、摒弃所有自我中心的行为”。你看，“曼陀罗”也是去遮蔽，也是无善无恶心体的明亮的表现。

生命本就是探索所有的可能性，而不是执着于固有、存量、不变等等。

荣格在《金花的秘密》里说：它在西方的土壤中植入了一株纤弱的幼苗，使我们在经历了肆意妄为和桀骜不驯之后，对于生命和道有了新的感受。这株植物往往有着火焰般的明亮色彩，从黑暗的背景中生长出来，顶部绽放着光之花。一系列欧洲曼荼罗图案，都有一个被层层包裹的植物种子似的东西在水中漂流，火焰从很深的地下穿透种子使其成长，从原窍中生出一朵硕大的金花。

你看，现代心理学的奠基人，说的也是这火、这水、这花！

你说，王阳明其实早就开发了自己的潜意识，体会出了羲皇上人（远古，上古）、原初生命、宇宙的生成等等。

有一位我非常喜欢的美国女艺术家欧姬芙（1887 年—1986 年），擅长画花，画曼陀罗，她说：“如果你把一朵花拿在手里，认真地观察它，那一刻，它便是你的世界。”(When you take a flower in your hand and really look at it. It's your world for a moment.)

古今中外的心，是一体的。

（三）他们五十绽放

五十如花，生命之核养成而盛放了。

五十岁，还能做什么？那是集大成的关键年龄。

王羲之，在接近五十岁时写了著名的《兰亭序》："向之所欣，俯仰之间，以为陈迹，犹不能不以之兴怀，况修短随化，终期于尽！古人云，死生亦大矣。岂不痛哉！"王羲之的晚年倒是选择并被允许了相对舒坦的方式，辞官隐居，但他在五十九岁左右就病逝了。

陶渊明（约 365 年—427 年），别看在后世他以隐居出名，但在五十四岁的时候他还在做彭泽县令。不过八十天之后，他辞官了，决定不再为五斗米折腰。人们不太知道的是，事情的导火索是浔阳郡的一个督导，陶渊明认为他是乡里小儿，拒绝束带迎接，由此辞官。

去过自己真正理想的生活吧，要在现状里求最优解，而不是任凭现状坍塌下去，完全躺平不管。陶渊明从明丽和恬淡变得愤怒，又从愤怒变得舒缓、通达、畅快。一切为的是自己的精神内核，为的是心力能发挥出自己的最佳状态。

生命有某种必然趋势，无论如何坎坷都会蜿蜒前行，最后抵达天性，抵达冥冥之中的命运深处。陶渊明的田园境界，几千年来，只有被模仿，没有被超越，即便是苏东坡都只能称为“鏖糟陂里陶靖节”。

王阳明的心学为什么厉害？就是因为他能保障你永远有创造能力，无论现实如何艰难，甚至外界如何捆绑束缚你的身心，你都可以保持创造力和对现实生活的影响力。

这就是中国人最强大的无畏精神。心学昭示着人们最终会走向自己的内核，有强大的内核，就有同样强大的行动力。

王阳明影响了一代又一代的创作大家，他不仅在世的时候弟子成群，后世也有不少再传弟子。

你看，苏东坡想隐居而不得，但相对更压抑的明朝人，却开始了更自由的路途。比如受王阳明影响最深的李贽、汤显祖、董其昌、徐渭、袁宏道等。

这些人都有了新的学说、新的派别、新的内核。而且他们思想成熟、敢于行动，都是在五十岁左右迎来了人生的新阶段。五十岁，拥有了自己的全心全意。

李贽（1527 年—1602 年），泰州学派的一代宗师。在文学上，提出“童心说”，强调真心，认为创作要“绝假还真”，反对“摹古”。

在思想上，他反对等级限定，要求平等和发展个性的思想。李贽虽然有个教书的父亲，但直到二十六岁才中了举人，到了快五十岁才得授云南姚安县令，但一届任满后，五十三岁的李贽自动终止仕途，寄寓黄安（今湖北红安）、湖北麻城芝佛堂。但他也不是完全出家，只是按照自己的意愿研究和讲学，给自己争取了精神空间。据说听他课的人很多，其中还有不少妇女。

你看，到了五十多岁，知天命的年纪，专营精神空间也不错啊。李贽活了七十五岁，至少他过了二十多年自己想过的、凝聚内核的日子。据说，芝佛堂是李贽自建的私人佛堂，是休养治学、聚友谈玄之所。后来妻子死了，他才削发出家，但也不受戒诵经。

他认为“心是清净本源，即本地风光”，对佛教的“断灭空”是不认同的，他主张回归日常生活，认为“于穿衣吃饭出，且常明常觉焉，极深研几”，以求“合内外，通无我，贯天人”的觉识。

汤显祖（1550 年—1616 年），被誉为“中国戏圣”和“东方莎士比亚”，出身书香门第，早有才名，不仅古文诗词颇精，而且通天文地理、医药卜筮诸书。三十三岁中进士，四十一岁目睹官僚腐败愤而上《论辅臣科臣疏》，被贬为徐闻典史，后调任浙江遂昌知县，任上成绩斐然，却因压制豪强、触怒权贵而招致上司的非议和地方势力的反对。于是，他在四十八岁前后提上辞呈，不待批准就还乡了。在这个层面，明朝空气比宋朝压抑，但士人的选择却似乎来得更勇猛自由些。后来，汤显祖就潜心戏剧创作。

真的，人有内核，有追求，就充满创造力。汤显祖提出了理、势、情三者的交互作用决定天下吉凶，以及事物成毁的观念。

董其昌（1555 年—1636 年），三十四岁考中进士，授翰林院编修，一度担任皇长子朱常洛的讲官。他的最高官职是南京礼部尚书（七十岁），从政四十七年。不过，在他临近五十岁的时候，一度拒绝了“河南参政”的官职，在家乡散居十八年（1604 年—1622 年），所以才有时间有闲心修成艺术哲学大家。

董其昌认为“气韵必在生知”，所谓“生知”不是生而知之，而是自在专一的性情和生活；所谓“当境方知”，则体现了尊重自然。

徐渭（1521 年—1593 年），他的人生一直曲曲折折，但还是顽强地生存着。他考试一直不中，曾担任浙直总督胡宗宪幕僚，助其擒徐海、诱汪直。胡宗宪下狱后，徐渭在忧惧发狂之下自杀九次不死，后因杀继妻被下狱论死。被囚七年后，得张元忭等好友救免。他的一生这么不得志，活得这么悲惨，但还是活到了生命的自然终结，享年七十二岁。

好友们把徐渭救出来的时候，徐约是五十二岁，那时的心境该是多么破碎啊，但从心力上竭力进取。出狱后，他先游览了杭州、南京、富春江一带，等到病体略有恢复，又交结了许多诗画之友。后来，他的朋友还给他一些工作上的照拂，比如担负北部边防重任的吴兑，有了工作后，他的身心又好了不少，留下不少描写北地风光、民俗和军旅生活的诗文，精气神有了明显改善。

虽然他的现实和精神世界都充满了艰难，但他的画却表达了健康、自由、生命的快乐甚至短暂的狂喜。他的核心观念是主张“超形似求神气”，时时露己笔意，显示真我面目——“本色说”。

袁宏道（1568 年—1610 年），这个性灵学派的代表人物，在徐渭去世四年之后发现他、研究他、肯定他，认为他天才盖世、卓尔不群，盛赞他慷慨激烈、终生不渝的特质，是绝世破俗的文化英雄，他百死千难之下还不死，也是人生的英雄。可见心力内核其实很强大。性灵学派显然也受心学影响，只是袁宏道只活了四十三岁。生命不可测，我们更要守护好自己的性灵了。

张岱（1597 年—1689 年），他的曾祖张元忭是状元，是王阳明的弟子。张岱非常热爱王阳明——“阳明先生创良知之说，为暗室一炬。”“认得本心，一生更无余事。”

他在《自为墓志铭》里说：

蜀人张岱，陶庵其号也。少为纨绔子弟，极爱繁华，好精舍，好美婢，好娈童，好鲜衣，好美食，好骏马，好华灯，好烟火，好梨园，好鼓吹，好古董，好花鸟，兼以茶淫橘虐，书蠹诗魔，劳碌半生，皆成梦幻。年至五十，国破家亡，避迹山居，所存者破床碎几，折鼎病琴，与残书数帙，缺砚一方而已。布衣蔬食，常至断炊。回首二十年前，真如隔世。

你看，他也有明显的“五十”节点。1647 年，五十岁的张岱在剡中避兵灾，写了《和挽歌辞三首》，谈及国破家亡，本欲殉节，但因《石匮书》未完工而作罢。兵荒马乱之中，最需要的还是内心有未竟之理想。他后来活到九十二岁，从一个纨绔子弟变成一位史学家。他留下了本心中的优雅。夜里，他一个人披着毛皮衣，捧着小火炉，撑着一叶小舟，去湖心亭看雪；他还去龙山看雪，在雪山之巅喝酒，喝高了，从山顶滚到山脚，竟然没摔死……

孔子为什么说五十而知天命？是他终于知道人生的核心和边界，如果这个阶段还感知不到，他早就心力衰竭了。他五十五岁时官拜鲁国大司寇，但与与之相争的季桓子意见不合，于是离开鲁国，开始了颠沛流离的为理想而奔走的日子。十四年后，才重返鲁国。

他们的人生都是自己选的，在这么严酷的环境下，还能拥有自己的选择空间，因为他们有一种有别于传统文人的人生意旨，他们人生不再被外界政治、经济、道德所束缚和垄断，他们不再简单地顺从、服从，而是充分考虑了自我的人生意义和使命。这一切让他们活得更像孔子本人，而不是他所阐释的教义。

王阳明的作用可能就是回归到原始儒家的那种理想主义中，摆脱日后累生累世附加于执教的教化、统治意义，就像马丁路德一样，把基督教的信仰个人化、内心化。

王阳明知道儒释道的三个教派的好和坏，然后剥离了所有的外因与限制、束缚之处后，直面人心本身，肯定人作为人的根本，才能让自然的情感成为艺术源源不断的创造力之源，张扬个性不是为了斗争，而是为了构建创作的意义。

不需要端着，一直温柔敦厚、文质彬彬，始终儒家做派；也不用一直空灵悠远，离开现实生活，另辟空间的道家气质，而是让每个人都可以在具体的生活和领域里真实地活着，用灿烂的感性存在着。

所以，王阳明的心启发了很多人的创造心。知道如何安放自己的心，知道自己到底要做什么，才是真正充满了心力和能量。他把艺术、人生等等统一了，他的生命意识可以应用到方方面面，积累也可以来自方方面面。

五十多岁，如何心力自由？

我想着，这本书主要是写给七〇后到九〇后的，大家都是改革开放一代，特别是七〇后、八〇后，已经五十多，或即将奔五。

本章主要写了王阳明的五十至五十八岁，然后他的人生戛然而止。生命就是这么巧妙，他刚好在五十岁提出“致良知”这个核心创新；在五十六岁提出“四句教”，与苏东坡连接最深之处，就在这四句。

我觉得，生命能做这样的理论的雨露成海，真是奥妙。

现在真的是“心”时代了，贪欢时代变成修行时代、能力时代、觉醒时代，人们都需要恢复精神、平衡情感、激发信心和内驱力，保持内核稳定，自我一致，探索生命活力、张力，大概是这个时代的刚需。

人能在五十岁左右再做出“经典动作”或者产出相对成熟的思想，要不就是曾经历劫觉醒，要不就是持之以恒的事业里的生命和自由和声。

总之，人的核心年龄段是三十五岁至五十岁，是在复杂人生中找到真己、全心的十五年。

五十岁后，人就可以用这个全新的有理论体系、有众人智慧加入的核心，来重塑对这个世界的新视角。

你看世界真是不一样了。“看山不是山，看山还是山”的感觉，其实是并存、复合的。

杜普蕾说，心是一架静默的机器，是承接痛苦的一个丰富的折角。人得什么日子都过一过，即便有时候是被迫和无奈，但尝试一下，认知一回，确认一遍，不是坏事。遇到好的坏的、顺的逆的，你都知道该怎么办，这才是生命丰富的心力自由。

我在秦朔朋友圈更新“五十岁，还能做什么”系列的时候，几乎，每周都会发生一件大事，这让我感觉到，人心真的能够感知剧烈变动的频率。

魔幻无常之下，生死疲劳感骤升。人要追求的，就是日用的当下，每天都有干货，一天就是一生，每天都是一辈子。

2023 年 10 月 28 日，《老友记》里饰演钱德勒的马修·派瑞走了，享年五十四岁，跟剧情里一样，死在浴缸里，人生如戏，一语成谶，大梦一场。

2023 年 12 月 12 日，五十七岁的周海媚在家中孤独离世；12 月 15 日，五十五岁的商汤科技董事长、人工智能科学家汤晓鸥在睡梦中离世；12 月 22 日，五十岁的朱令撑过了生日，带着没有找到真相的遗憾走了……

这种命运的无力感，让五十多岁也充满了恐惧。

其实阳明心学，就是从生死之间诞生的，阳明也是五十多岁就走了的人。人的一生就在于探索自己的核心思想、理论，然后直到生命的最后一刻还在实践它，这太酷了。这种核心抹去了所有的边界，包括生与死的边界，变成了不朽。

现实中，还有不少人在用“心胜于物”抗击“绝症”，我们能从身边找到很多例子。比如叶檀的乳癌本来已经骨转移，她说骨头在努力修复自己，她知道生命的耐力何在。

怀着“真善美”的良药，去温润地生存，不用过于强调它的力量，只要让它如其所示，只要让内心有一把光明的火就好了，它能自动连接外部的光。

“无—行—知—有”的逆向循环，是“有—知—行—无”，遇到任何的事情，内心光明的话，就会知道每分每秒应该怎么度过，就会让自己空了，容了，接纳一切。

怎么判断自己是否能“心胜于物”？看看自己的心力能不能源源不断地产生出来，能不能在一片狼藉的前半生之后，再一次坚信自己的底层心理可以重建；能不能在任何事情面前，尚之，配之，通之。那种沛然自得的状态，只能自修。

先坚强意志，不要紧张，松弛点，再去除杂念，才能接受无限的可能性。决心可以让心不用那么勉强地应付世事，会自如和顺遂很多。

王阳明说：尽心、知性、知天，是生知安行事；存心、养性、事天，是学知利行事。“夭寿不贰，修身以俟”，是困知勉行事。

我喜欢一位比较冷门的宋代词人冯取洽的一首词，《沁园春（二月二日寿玉林）》：

> 禀气之中，具圣之和，生逢令辰。逢三春仲月，方才破二，百年大齐，恰则平分。立玉林深，散花庵小，中有翛然自在身。诗何似，似苏州闲远，庾府清新。青鞋布袜乌巾。试勇往蓉溪一问津。有心香一瓣，心声一阕，更携阿艾，同寿灵椿。劫劫长存，生生不息，宁极深根秋又春。聊添我，作风流二老，岁岁寻盟。

这个没有生卒年的宋朝词人，恰恰留下对五十岁的感想，太巧了。而且这句“劫劫长存，生生不息，宁极深根秋又春”，太惊艳了。

他又叫取洽，多好啊，顾名思义，自洽为妙，自取其丰厚。这个年岁的人，应该经历过很多事情了。能够继续跨越，是因为他们过着自己的日常生活，然后随物赋形，随时火热，自己点燃自己的灵感，不断适应变化，按照自己的哲学核心生存着。

你说，你要跟我特别聊聊七〇后，目前刚好在四十五岁到五十四岁，是人生迷茫的第二个阶段。特别是那些四十五岁已满，五十岁未到的人，就像下午四五点钟的太阳，休息或是吃晚饭的话太早，做别的事又总有一种近黄昏的悲。躺又躺不平，卷虽然还有点余力，但以前是心有余而力不足，现在是心力都不足。那是一种什么感觉呢？有心无力、有依无靠的感觉。

吃了时代红利的人，在二三十岁就功成名就的人，如何度过至暗时刻或漫长的低谷？不少创业者都有过辉煌的融资历史，但他们现在的生活呢？我听过几个故事，共同的特性是，他们的白天是焦虑不安甚至恐惧的，夜深时才稍微安稳下来，因为酒精和诗意，仿佛还沉醉在曾经天之骄子的幻觉里。

对于人生巅峰时期与高速生长的过度留恋，也是心力弱的表现，安静下来创造自己的核心理念和无怨无悔的真心

“作品”，才会让心力变强。

七〇后是拿到改革开放红利最多的一代，物质和精神能力都较强，只要他们的能量能够继续发挥，就能熬出一个新的奇迹。

改革开放的黄金时代，只要努力又有点机缘，都会小有积累，只要不太折腾，至少房产是可以够得上的。但是得到了之后，失去感反而会更强。财富缩水，大家都感受到了，原来财富和身体都不是自己的。七〇后这代人，内心落差最大，已然是负资产。

疫情几年，很多行业遭受低谷考验，中高端中产原来的标配是——“大平层”“两个孩子一条狗”“全职太太”“国际学校”，外加兴趣爱好和全面发展的生活日常。物质发展到一定阶段，很多中上阶层的生活费用高达十几万一个月。要是降薪，或者只有底薪，甚至没有工作，那种坐吃山空的感觉，会让人慢慢崩溃。

没有人可以分担压力，女人更不容易。男人女人都有别人取代不了、承担不了的课题，彼此也产生不了多少共情和同理心。即便是很深厚的感情，也不一定能够真正共情。共情和感情从来都是两个系统。

问题即道场，向内修炼和向外磨炼，缺一不可。

不确定中，人们都在寻找新的自己。很多房地产、互联网、金融行业的精英们，如果找不到合适的工作，只能勉强地再创业，但他们也不知道明天会如何。我那些原来做服装、酒店、餐饮等的朋友，近况也不怎么好，做高管的更是难。很多开网约车和送外卖的，都是四五十岁的原来做小老板的人，很多人不知道怎么破局，只能勇敢地先做着、想着。要花巨量而集中的时间，闭门研究自己三个月，找到自己的内核，形成自己的行动方案。

还有，中式家庭里的父母之情，其实也很沉重。大部分老人的身体里充满了各种各样的心病，很多人表面上是有亲情和母爱父爱的，但实际上充满的是层层叠叠的创伤。

而现在的孩子呢，也面临着各种各样的叛逆和心理问题。怎么度过低谷期？唯有自我调适、自我疗愈、自我修炼。所谓中国人的绝学是什么？是修身，是持续地、真实地面对自己。不要说服别人、征服别人，不期待之后，才会有新的心力，才会有一种更高的视角去面对和解决生活中的情感和问题。

我是谁，谁是我，在有（我）无（谁）之间，这一安静持久的心理旅途，必然诞生新我。

只有高维、升维，才能有同理心。也只有经历过惊涛骇浪，还能找回自己的自信，有良好的心理素质，才能真的平和、气定神闲。你看那些经历过战争年代的 20 后、30 后们，他们就有这种平和感。

高维的视角怎么来？需要一个极大的至暗时刻，不仅要自己度过来，还要突然觉醒，观照水中的自己，虽然水也不免动荡，但终究会平静，觉了就是无，不留痕迹；另外，要有自己的日常秩序，有“每天就是一生”的生活结构，找到你真正愿意投入毕生热情的事，用一种每天都值得的死而无憾的心态活着。

内心动作要清楚利落，从“标清”到“高清”。比如放下就是真的清空内心库存，点亮就是真的在至暗的内心点一盏灯。另外，如果你开始计较工作生活和具体的人“值不值得”“对不对”，开始权衡利弊，你就必然陷入内耗。

生命的不确定性越来越高，我们的心只能越来越笃定和平静。我觉得现在这个年代，做每一件事，都要内心非常笃定，全力以赴、坚韧不拔，才能做到，没有什么事情是可以顺便做一下、搭个便车就能做成的。

人要有强大的底蕴，供自己“摧毁式自洽”，“火焰燃烧式”自洽，坚定自己，静心静气静思。

《左传·昭公十年》里写，“凡有血气，皆有争心”。恐惧、焦虑、害怕、患得患失，这些“负能量”其实是动能，负面的东西，能成为发机悟道的关捩子。

人们大大小小都争都卷，是一种基因记忆。我们为了摆脱恐惧和焦虑，总是给工作和生活赋予很多意义、价值和秩序。如果没有这些，心就不安，就焦灼。

所以现在也有很多生命无意义论，流行中的《纳瓦尔宝典》都这么说，很多年轻人都信奉。然而，唯有经历和体验才真正属于自己。

去掉贪嗔痴，太沉重太难，阳明心学，最重要的是去骄燥惰。这是确定性极高的，也不是人人都能做到的。

找源头，找效能感，找“心髓入微处”（阳明语）用力，蓄力养锐……

我写第一篇《五十岁，还能做什么》的时候，是 2023 年 10 月 10 日前后。那段时间诺贝尔经济学奖刚刚揭晓，授予了戈尔丁。戈尔丁二十六岁博士毕业，三十九岁成为教授，四十四岁成为哈佛大学经济学系首位获得终身教职的女性，四十六岁当选美国文理科学院院士，六十岁当选美国国家科学院院士，七十七岁获得诺贝尔经济学奖。

做研究果然是可以一直体会“进步和坚持”的事业，越老越有价值。我当天就读完了她的书《事业还是家庭？女性追求平等的百年旅程》。

她对事业的定义是：“事业是人生的一个‘过程’或称‘进程’，必须持续一段时间。‘事业’一词不仅表示被雇用，它通常包括进步与坚持，涉及学习、成长、投资和获得回报。”人持续探寻自己的理论、哲学、理念，也是事业进步的精髓。

关于婚育自由这件事，其实女性得到生理自由不过五十多年，心理自由不过才几年。所以，人一定要选择自己有积累、有沉淀的事业，这样才能在跨过人生的曲曲折折之后，即便是生儿育女、为经营家庭投入和消耗巨大心力之后，还能折回到自己生命的核心区域里。

阿伦·瓦兹说的，要拥有流水，你得解放水，让它奔流。

四十不惑，五十知天命，都在强调找回自己、做陶铸既深而怡然自得的自己。另外，女人在四十岁左右会突然爱上搞钱搞事业，也是生理决定的，睾酮会让你赶紧做事，进行某些改变，突破藩篱之后，女人终将变得强大和立体。

到了四五十岁，生理上来说，女性还能获得第七感，即爬虫脑反射，来自远古时代的本能和能量，充满少女时候的灵感，年纪再大些还会有“祖母效应”——据说那是绝经后才有的特殊能量。

所以，我们要定期与精神支柱进行连接。人活到最后，就是活一种精神。不被人消耗，更不被自己消耗。别人的光环和黑暗，都不再能影响你。你也不会想要改变任何人，有些事情不再主动刻意，保持压缩状态、低维护状态，顺其自然，在别人主动提需要的时候再介入。

你看，现在四五十岁的男性、女性，越来越多地成为舆论核心，他们的精神成长，该是多么重要的时代命题。

打破执念，其实有些时候，是打破自以为真的那部分。学习别人的特质为我所用，再加上不断的产出动力和能量，才能心力自由。

四月

月序

王阳明的一生之旅，我们刚刚浏览了一遍。从一座山跨到另一座山，从顶峰到顶峰，他融合了儒释道。

山间，挂着一轮明月。

王阳明在我心里，就是“一整个月亮”。

“我要找出一些响亮的句子，像月亮一样干净。”

怎么说呢？

王阳明是 1472 年 10 月 31 日，即农历九月三十出生，1529 年 1 月 9 日，即农历十一月二十九日走的。三十出生，二十九走，他就是一个月亮的全部。而且是从无到有再到无，跟他的“无—行—知—有”内核一样，也许“有—知—行—无”才是运行内核。他晚年的思想就是这么自洽。那一轮明月就是他自己的心体。

你说，这是不是两个月亮呢？

月亮里蕴含了很多哲学。它是周期，是重生，更重要的是，月亮是星空里的精一和主一。月亮从来不是夜空里的专一。人们追逐月亮也不是为了得到某个具体的目标，月亮就是心的那点灵明。

我甚至还发现了一个新的训练想象力的概念辨析方式：

专一，面对的是小的方面，具体的方面；
精一，是中的、和的（道心精一之谓仁，所谓中也）；
主一，是大的，与天理宇宙合一。

月如钩时是专一，月中是精一，月满是主一。我会在后续文章中细说。

花是心，月也是心。

王阳明的真实感在于，他的年谱里，都是阴阳混合、好坏混合、虚实混合，那就是真实。与时偕行，就是无论外界发生着什么，他的理论和哲学建构之路是如月本身。

所谓“人生不可安闲，有恒业，才足收放心”，“检身心于平日”，深陷过名利场，最终还是要把自己超拔出来，回归日常，有点精神追求，才能恒业、稳当、平常啊。

只有惯性，才不需要激励和过多努力。你的惯性，你的常力，是什么？当暗力量把自己向下拉的时候，有没有内心里储存着的光明的核心？外在的高光时刻要往内在储能，黑暗时刻，要往内在深处找更深的源头。

内核自亮。自性圆满。

月亮自己不发光，但它也亮，它是一种时空流动之中持久不变的象征。月，是良知啊。

我们无论处于低谷还是高峰，都要源源不断地更新自己。越是低谷和高峰越要利他。世界是流动的，是进行时，心力和能量也是流动的，是内外互转的，你利他，能量是能回到自己身上的。

这些年，我们在充斥着不确定性的巨变时代里存活，是“月思维”养成的好时机。创造、重生、正本清源、心灵能量……

（一）赏心

心，月，道，良知，赏心何必中秋节。

天色暗了，月亮升了。每次月夜都是不可多得的产生灵感的好时候，对于王阳明来说，是总结哲学理论的好时候。

赏月，其实就是赏心。

我们一起畅游他的心间，那里肯定有一轮山中月，阳明自小喜欢的“山中月”。

在他十一岁的时候，月亮就让他有了不一样的宇宙观：

金山一点大如拳，打破维扬水底天。醉倚妙高楼上月，玉箫吹彻洞龙眠。（《咏金山》）

山近月远觉月小，便道此山大于月。若有人眼大如天，当见山高月更阔。（《蔽月山房》）

后来在游学中，他总是跟诸生、友人在山林间穿梭，探幽揽胜，山中月也如明灯一般，让这种教学场景很隽永。

如《诸生来》里写“月榭坐鸣琴，云窗卧披卷”；
如《诸生夜坐》里写“夜弄溪上月，晓陟林间丘”。

人写着写着，就会把很多寻常事物、寻常生活也融进自己的核心思想里，内核饱满而宽容，外界如何都不会逼仄。

他觉得，月亮就是那个虚灵明觉、不受遮蔽的良知本体。

《月夜二首》里写道：“万里中秋月正晴，四山云霭忽然生。须臾浊雾随风散，依旧青天此月明。肯信良知原不昧，从他外物岂能撄！老夫今夜狂歌发，化作钧天满太清。”

拨云见月的主体，就是那颗心。他原来喜欢，后来又觉得浪费了时间，现在再度拾起的辞章诗歌，让他内心更加圆融地使用本就有的那些方法。

正德十五年（1520 年）秋天，邹守益（王阳明的弟子，曾得进士第三名，官至南京国子祭酒）与王阳明在赣州相见。一天晚上，他们与几个朋友在虚堂赏月。

王阳明说："吾性的精明如同日月，月运行于天上，楼台亭榭照以楼台亭榭，未曾产生羡慕，类壤污渠照以类壤污渠，也未曾产生厌恶，这就是所谓的无所送于事之往，也无所迎于事之来，天大公至正，自然顺应，没有细毫主观意念与私心。"

月亮的品性，越来越接近于他想要表达的良知——没有好恶，无善无恶，就是自然的"无心"。

月亮承接了阳明的哲学、诗意与众乐乐。

在《赠熊彰归》中，他写道，"千年绝学蒙尘土，何处澄江无月明"，借用"月印万川"的说法指代道体的无处不在。

宋僧曾写道："千江有水千江月，万里无云万里天。"云满千山，月涵万水。人生和宇宙无限。

道家吕洞宾说过：“静中绵绵无间，神情悦豫，如醉如浴，此为遍体阳和，金华乍吐也。既而万籁俱寂，皓月中天，觉大地俱是光明境界，此为心体开明，金华正放也。”金华（花）就是心，如皓月当空。

在《送蔡希颜三首·其三》中，他写，“悟后六经无一字，静余孤月湛虚明。”

在《登莲花峰》中，他写，“夜半花心吐明月，一颗悬空黍米珠。”

明，是月的精神，也是心的本来样子。据说《王阳明文集》中收录有六百多首诗歌，其中仅以写月命名的诗作就逾五十首，题中无月但诗中有月的诗更不下百首。

他的诗歌风格本身就是披云对月、清辉自流。月亮，以各种方式，在他的内心升起。

在最广为人知的《中秋》中，他写：“去年中秋阴复晴，今年中秋阴复阴。百年好景不多遇，况乃白发相侵寻！吾心自有光明月，千古团圆永无缺。山河大地拥清辉，赏心何必中秋节！”

这首诗大概作于阳明离开越地、前往广西平叛之前一个月多的时候。越是内心紧张的时候，诗歌越可以在某个节点上让他主动松弛。这样，他的心会像月亮运转一样，在合适的时间映照合适的光，突然有一天，四句教就出现了。

对，四句教也诞生于月色之下。

前文中提到，王阳明用“无—行—知—有”体系去观照“四句教”，“无善无恶心之体，有善有恶意之动，知善知恶是良知，为善去恶是格物”，完美对应，月光般的完美对应。

无—无善无恶心之体；行—有善有恶意之动；知—知善知恶是良知；有—为善去恶是格物。

当你无时，你就不用有分寸感、不用有分别心，只要像月亮一样高悬、抽离、观望，而不是一直努力、奋斗、紧绷，你拉开了遥远的距离之后，反而会有新的可能性、新的力道、新的光芒合一进来，你判断和感受世事万物的标准就不一样了。

你一直盯着、顶着、托着，会很累、很耗能。

创造的时候，用的是“无—行—知—有”。发心去做，你的内心会指引你的。

遇到问题，人、事、物的具体问题，其实要启动的是“知—行”，只要你能实现你的内心，精准度和完成率都会更高。不要害怕恐惧，不要畏首畏尾不敢面对，要直面，因为你的那颗纯粹的心，在背后支撑着你。

阳明上战场之后，也时常赏月写诗，让自己放松、安住。

我们还能做什么？可以做的当然很多，随时在迷惑和困境里训练自己的体感、心感，赏月、静极、自得，天心自现。

阳明的这些心和月，其实也被很多同频的、能感应的人借用到自己的作品中去，比如吴承恩的《西游记》，到处可见“心”字。

第一回，孙悟空寻访到须菩提祖师住处“灵台方寸山”时，李贽就在批注中指出：“灵台方寸，心也。”“一部《西游》，此是宗旨。”

在“斜月三星洞”后，李贽又批道：“斜月象一勾，三星象三点，也是心。言学仙不必在远，只在此心。”

（二）重生

坎贝尔说：月亮每个月都会“死”于太阳一次，又在太阳中重生。

西方神话学认为，一个月亮的周期相当于人的一生，行至一半的时候，人会突然地感知到头脑里的光。比如耶鲁受难、释迦牟尼菩提树下顿悟，都是三十五岁前后，其实王阳明龙场悟道的年龄，也差不多。

所以，我们可以预设一下人生的挑战，很多前辈都为我们提供了心路历程里的种种秘诀和核心方法。

五十岁之前，大部分人都已经有了生死体验，无论是至亲的离开还是自己内心的至暗、死里逃生等等，其实都是生而为人的常态，不必太过惊讶惊恐。

如果一个人一生幸运，天人共同保护，时代也给了他充分的平台和机遇，那么他真的不是凡人。谁都不想要苦难，但有时候苦难偏偏来了，也只有直面，去化掉、融掉。有智慧和能力的人，会让自己因此而重生，心力迭代，能够影响的人事物范围扩大。

我这几年因为苏东坡和王阳明的原因经常去杭州，演讲也好，考察也好，看山水里的摩崖石刻也好，总觉得，那些我偏爱的灵魂，都在那里留有不朽的痕迹。

在那么现代化的钱塘江两岸，我还是时常有一种迷离感。钱塘月下，当年王阳明就是在这里被刘瑾派来的刺客追杀。他在岸边还留下绝命诗，并置衣冠于岸侧，托言投江，骗过尾随的杀手，最终搭上商船出海，躲过一劫。

诗里是潮声的不确定，也是日月的永恒。你看，他的“绝命诗”里也有日月——

学道无成岁月虚，天乎至此欲何如？生曾许国惭无补，死不忘亲恨不余；自信孤忠悬日月，岂论遗骨葬江鱼。百年臣子悲何极？日夜潮声泣子胥。（《绝命诗》）

王阳明代表的，其实是江南水乡人的冒险精神。对啊，怎么在繁花似锦的地方还要如此冒险？追溯长江文明和楚越文化，火、热烈、自由，本就是刻在他们基因里的。

我觉得，换另外一种视角来看，等到人们有了足够扎实的知识教育结构之后，有能力开拓的世界变大了之后，人们就会想要继续探求不一样的世界。等到人们对物的追求没有那么持久了之后，就会想要发展一些更加隽永和不朽的东西。人的精神需求是必然的、天生的，人们对思想和形而上的索求，就是各个时代追求的药。

所以，江南的文化、艺术、哲学都兴盛起来。精神也需要自己的源动力，并不一定是对经济基础和上层建筑有多严苛的要求，一个阶段总会出现一个集大成者，让零散的人生发展变得系统化、思想化、立体化，脱离循环往复的、刻板重复的疲乏过程，需要在有心有情的人群里形成一种共性上的、哲学上的凝练、认同和永远的标记。

精神需求优先，似乎是江南文化叙事的特点，越来越多的专业被开拓出来，开眼看世界的人往往是杂而学之，百科全书派，尤其喜欢哲学、审美、新学等，比如董其昌、徐光启、李之藻、顾炎武……

物理和吾心要融通，就要在各种领域里触类旁通、活泼取用、静心发展。生命没有悲情色彩，只有不断开拓新的可能性，只有永远对自己的核心成熟负责。

杭州也有很多王阳明的痕迹，最典型的地方，据说是在月岩，王阳明曾留下《秋日饮月岩新构别王侍御》：

> 湖山久系念，块处限形迹。遥望一水间，十年靡由即。军旅起衰废，驱驰岂遑息。前旌道回冈，取捷上畸侧。新构郁层椒，石门转深寂。是时霜始降，风凄群卉拆。壑静响江声，窗虚函海色。夕阴下西岑，凉月穿东壁。观风此余情，抚景见高臆。匪从群公饯，何因得良觌？南徼方如毁，救焚敢辞亟。来归幸有期，终遂幽寻癖。

月岩也留有王阳明的摩崖石刻，据说到清代就已经漫漶不见了。

1507 年、1519 年、1527 年，每次他动身去某地的时候都会路过杭州。就像苏东坡，每次踏上外任旅途，只要是可以自行决定的行程，第一站定会是杭州。

净慈寺、圣果寺、万松书院、吴山、御校场等地也有王阳明的痕迹，他也曾有在天真山长期居住的打算……

杭州的月色里，有我最喜欢的两位大人物。他们一个是水月，一个是山月；一个是秋月，一个是夏月。

他们最能代表重生的力量，清零重启，涅槃重生。

坎贝尔说：月亮每个月都会“死”于太阳一次，又在太阳中重生，正如第一个被献祭给大地的生命，作为食物在大地上获得重生。在新石器时代和青铜时代的传统中，能够死而复活的月亮是阳性的，而太阳是阴性的。在德语中，“月亮”（der Mond）是阳性的。

若是我们能重生，还会畏惧死吗？

（三）主一（0/1/一/N）

精一，主一，是复合多个“专一”之后的核心，就像众星拱的月。

在王阳明的众多概念里，我体会最深且每天都在探索的，就是如何“精”“一”，如何“主一”，而不是执着、专一、单一。人的生命是系统的、立体的。

专一是比较单薄的。比如你对一个人深情，这种力量往往会很重很偏，会持续得比较困难，难敌时间；比如你对一个目标的追求，有时候会不择手段，只求利益最大化；比如你对一个事物过于钟情，你会无力顾及其他事，就像有的人养宠物之后，连人都不爱，分别心严重。

当然有的人一生只爱一件事、一个人，我以前最喜欢那种有人坚持一件事二三十年的故事，后来发现，其实他们的背后不是仅仅一件事，而是一种信仰，一个成熟的思想系统，有核心和动力之源。它呈现出来的是“一”，背后的力量是“0”到“1”到“一”到“N”，然后复归于“一”。

于是我发现：

无善无恶心之体（0）
有善有恶意之动（1）
知善知恶是良知（一）
为善去恶是格物（N）

苏东坡是“0”到“一”的水哲学，战于内，无心而一，致极一，然后像水一样，随物赋形，形成了无数的应用（n），每个创造的领域都有苏东坡的启示和痕迹。

王阳明是“0”到“1”到“一”的心学，内核是一，是良知，为什么我用大写的N，就是它不仅适用于各个创造的领域（n），而且形成了大量的传人（N），人人都可以成为仲尼、王阳明。

专一是那个（1），精一、主一才是那个（一）。

《象山文集序·庚辰》里写："圣人之学，心学也。尧、舜、禹之相授受曰：'人心惟危，道心惟微，惟精惟一，允执厥中。'此心学之源也。中也者，道心之谓也；道心精一之谓仁，所谓中也。孔孟之学，惟务求仁，盖精一之传也。"

"人心是危险难安的，道心却微妙难明。惟有精心体察，专心守住，才能坚持一条不偏不倚的正确路线"，这是普遍的理解。

我从月亮里体会到了另一种精神。月下，思考"一"，最酷的事就是人生的亲证。人们的每一次选择其实都具有审美意义，最后形成的那个核心，一定是百转千回过的。生命的多重维度修筑好，连接成网，才能支撑起来那个更强大的核。

想象一下，将各种矛盾对立的复杂线条放到生命的圆里，双手反方向不断拉扯各条线，线条越多、越密，核心就越紧越扎实。经历的事情多了，在事上磨炼多了，内核就更加稳定了。

一个人的执着、坚韧，都不是单一的，它有很多包围它的附加品，而且包围它的这些附加品也很坚实。

比如，我能坚持每天看一本书、做笔记、用视频录日志心得，是因为我的主编工作九年来都是“日更”，把这股子精神迁移到了我青少年期就非常想实现的事情上。我是专职作家，本身需要写作，需要每天更新自己的知识库。我自己又受研究多年苏东坡的水哲学思想的渗透式影响，我的工作自由、生活自律，都是我的思维模式带来的自然结果。这些条件，促进了“一”。

专一是很累的，因为如果距离目标太近，动作就具有伤人伤己的可能性，有竞争也有内耗。人不能光凭一腔热血活着，不能一直很励志，又给自己猛灌鸡汤。

精一，那颗心是复合之心，再提纯一点，就是天理人心合一的心，而不是单一、简单、粗暴的心，直接的反应，不是情绪的偏好，兴趣的关注点，不是一个点，不是一根线，甚至不是一个面，而是一个丰富的自我的团圆、自我的宇宙。它不是一个断言，一个金句，一碗鸡汤，而是一个完整的过程。

《传习录》中，陆澄问：“主一之功，如读书则一心在读书上，接客则一心在接客上，可以为主一乎？”先生曰：“好色则一心在好色上，好货则一心在好货上，可以为主一乎？

是所谓逐物，非主一也。主一是专主一个天理。”

精一的是自己的心，主一的是良知、天理。

《传习录》日孚请问。曰：

> 一者天理，主一是一心在天理上。若只知主一，不知一即是理，有事时便是逐物，无事时便是着空。惟其有事无事，一心皆在天理上用功，所以居敬亦即是穷理。就穷理专一处说，便谓之居敬；就居敬精密处说，便谓之穷理。却不是居敬了，别有个心穷理；穷理时，别有个心居敬：名虽不同，功夫只是一事。就如《易》言“敬以直内，义以方外”，敬即是无事时义，义即是有事时敬，两句合说一件。如孔子言“修己以敬”，即不须言义，孟子言“集义”即不须言敬，会得时，横说竖说工夫总是一般。若泥文逐句，不识本领，即支离决裂，工夫都无下落。

穷理专一处，是居敬；居敬精密处，是穷理。

精一，是阴晴圆缺都经历过之后的那个一，是纯乎天理凝结的。

主一，是所有东西都完整地呈现出来之后的主要矛盾、主要光源，生命是丰富多元的，一定再是发散出去的。找到主一，就内心有能源，有宇宙道的能量。

王阳明说："圣人说'精一'自是尽。"功夫必须洒脱精一，仁就是精一之果。惟精故一，惟一故中。

阳明将"心—性—天"框架下的人心分为三类：
尽心、知性、知天，是生知安行事；
存心、养性、事天，是学知利行事；
夭寿不贰，修身以俟，是困知勉行事。

这也是一个周期。在心性发展的框架里，自我在运行。

我有了自己的想法，供现代的我们参考。

专一，是针对立志的。要精确，所谓"诚切专一，恬淡其心，专一其气"，是方方面面、具体的形式上的。

那么如何真的专一？逐物专一，并不是真的专一。心在天理上，一心在天理上用功，心理合一的时候才是浑厚综合的，有坚固内核地做自己想做的事情。

专一是小的方面，具体的方面；精一，是中的和的（道心精一之谓仁，所谓中也）；主一是大的，与天理宇宙合一。

月如钩时是专一，月中是精一，月满是主一。

如何创新？如何创造自己的理论，突破自己的天花板？就是让自己有“主一”思维，从自己的内心执着中超越出来，看见更大的视角。凝神守一，无我了。我不再有标签，不再有局限，我可以尽情探索新的可能性，没有私心杂欲，只想找到那个能持续自我点亮、自我燃烧的光明状态。

《幽梦影》里说，“天地生气，大抵五十年一聚”，能知道“主一”，知天命，也就是五十岁了吧。现在不少还在公众视野里的接近五十岁的人，他们开始有了人生智慧、哲理、心理的积淀和顿悟，自我的呈现。

只有你的心力来自你的底层思维，才不会衰竭，那是“根本”和“源泉”所在，故而能自生自长，它可能是某种召唤你一直向前的本能。

你说，近代的中西学集大成者如赵元任，他的知识和认知的底层逻辑是物理学、数学、哲学、音乐和语言学。在样样顶尖的基础上，他能做到各个领域的全通，最后集成在语言领域的原创上，连物理学都能为语言学所用。

他的人生也是不完满的，父母在他十二岁时就双双离世，这种悲伤没有损害他分毫，他在尝尽人间滋味的实验里成了百科全书派，他还每隔一段直面自己的最短板，比如没有父母，他就自己监护自己，十四岁开始记日记，写了七十多年；比如他有心脏病经常不适或者发烧，他就开始锻炼，改变所有坏习惯，每天早上洗冷水澡。他从来不关心世界大战，只生活在科学、艺术、生活的本质里。

人的激情一定来自天，天就是变化，就是起伏。一个人能做的就是确定大的人生方向，然后义无反顾地走下去。所有的变化、变故、变革，都是道路上的应有之义。

吴冠中曾说，他一向着眼于中、西方审美之共性。……东也爱，西也爱，爱不专一，实缘真情，非水性杨花也。专一和执着的那些尖锐的东西，都会被智慧溶于主一的浑圆上。不同的问题视角，带有不同的能量。

有的人注定会出现在你的生命里，给你力量和救赎，所以要格外敬天爱人。要保持探索姿态，迎接心力和精神的启发，有时候莫名地它就来了，你的心要一直保持开放和承接的姿态，因为你知道你必须寻找新的生机和滋润。那些不经意间出现的影响重大的人事物，就是你的指引。

古希腊第一个女诗人萨福说：月亮升起，星星藏匿它们的光华，每次月圆，她向大地倾洒白银。

如何无中生有，成全自己？

月亮，它缺吗？它圆吗？好像都可以。所以，我叙述完王阳明的人生之后，就用月亮来指代他。他是一整个月亮，成全了他自己。

如何成全？

首先，从小心里要有情愫和情结，去寻找人生强相关的要素。王阳明的山中月，他十一岁就开始描述了。在他立志之前，就有很强很广的内心世界。我们要反复确认内心的存在。

其次，现实世界之外，我们会自行生成另外一个新世界，那是阅读、想象、哲思带来的，可以抹去所有的边界，让我们去神游。

你会在理念世界、虚拟世界、文本世界、思想世界等我们可以叫出名字的世界那里，寻找我们究竟要什么，寻找创新，寻找让自己不惑的、让自己振奋的东西，如果探寻不到，或许会抑郁，会不定期地迷茫，但是要持续地找，甚至去黑洞里寻找。

那是最好的无中生有、石破天惊的时刻。

我们可以用的口诀是“无—行—知—有”。就是“0—1—一—N”。

我们常说，0 到 1 特别难，其实只要发起一个隽永的善念就可以。发心做事，形成自己的核心思想和系统，然后推而广之。

一，就是那个月亮，那个一定会变成满月的月亮。

主一，不是以不变的角度要求守着什么，护着什么，而是在变动的复杂系统中，在各种尖锐的矛盾和斗争中，在相互拉扯的各种力量之间，被结结实实塑造的那个核心，最终获得各种线条和逻辑之间的命运主控权。

随着现实世界里的阴影圆缺、各种周期和际遇，在各种生与死的边缘里，各种残缺和幻觉里，做自己的事，赏自己的心，观自己的自在，等自己的结果。

有了核心之后，再进入更强大的人生场景里，无欲以观其妙，重新审视一遍曾经看不明白的事。

生命的一波多折里，藏着“相逢何必曾相识”。

去经历吧，去疗愈吧，去再造吧，去好好活着吧。

五

镜

镜序

我觉得，哲学也是有生命记忆的。我明白为什么王阳明会那么重视“镜”，因为无论是余姚还是山阴，都是水乡——水对人的影响是极深的，它能随时随地照见。为什么江南人更能顺应变化？因为他们总是能看见自己，镜花水月，梦幻之中，他们总会寻找真实和永恒。

巧合的是，镜花水月，我真的都写了。当然，前面还写了洞和火，虚空之境，洞若观火，透彻而真实。

镜子在古代是金属，并不是如水般照映的。所以阳明的

“去蔽”，并不容易，他需要磨镜，而不仅仅是洗身洗心的水的力量就可以冲刷的。

另外，它实际上也是一种“合一”的力量。它让自我合一，让儒释道等知识结构体系也合一，不仅是一次照见，而且是相互观照，观照之后，学科、哲学、领域的方法和能量可以相互迁移，一照即刻迁移，就像“联网”。

那颗去蔽的光明的心体，穿越古今，一照皆真，于是，镜也是心。

镜花水月洞火，都是心。

（一）磨镜之明

只是一个明，则随感而应，无物不照。

我们可以在水乡水街逛逛，到处都是光，到处都是影。

你说，像你们这样在水边长大的人，会写诗的多，学什么都快。我说，可能是因为，我们的脑子就是镜子吧。

王阳明的思维方式里确实处处是镜子。到处都是水，到处都是镜子，到处都是投射，到处也就是内心的“看见”。

水的作用，就是映着山、日月、森林等。到处都是水，到处都是感受，到处都是启发，有时候不太好总结，也不太好停留，不留痕、不滞留。总觉得世间万事，自己了解不尽。

他的镜子是动态的，没有什么是不可改变的事情，所以，也就没有不可改变的参照物。参照也永远在变。

虽然《庄子·内篇·德充符》里说过："人莫鉴于流水而鉴于止水。唯止能止众止。"强调的是止水才能照见，才能觉醒。老子说"涤除玄鉴"，清空知识和主观成见，以心为镜，才能澄怀味象。

但王阳明的比喻是这样的，人的心可以是昏镜，也可以是明镜。在古代，镜子是金属，不容易光明，得磨。后来他想出了事上磨炼，大概就是磨镜得明，心就是镜子，事在心上磨，心和事，两个都在变。知行合一，心事（物）合一，心和物，内和外，都在变，都是一起变的，镜子也是动态的。

王阳明一直秉承心学上的动态观。江右王门王塘南用心性之学的"行话"总结说："阳明之学，悟性以御气者也。白沙之学，养气以契性者也。"白沙是主静的心学，阳明是主动的心学。心学，就是因地制宜，随物赋形，随处指点，充满动态，世界是变化的，所以也适合大变局时期的我们。

只有做了很多很多难事，自己的力量才会变大。

他说："心犹镜也。圣人心如明镜，常人心如昏镜。近世格物之说，如以镜照物，照上用功，不知镜尚昏在，何能照？先生之格物，如磨镜而使之明，磨上用功，明了后亦未尝废照。"明和照也是随时并行的。

参观过博物馆的人都知道，古代的镜子其实是不太能看得清的，可能都不如自然的水。水太动态了，不能由人控制，镜子，至少受人操控的范围大一点。

王阳明研究山水，路过无数山水，他明白，那水一直流。他写过"山水平生是课程，一淹尘土遂心生"（《再至阳明别洞和邢太守韵二首·其二》）。

只有心如明镜才能照见，要关注的不是"照"不是"格"这些动词、这些动作，而是"镜""心"这些本体，主体。

此外，他需要强调的是明镜。明更重要，水的明依赖的外在条件太多，镜的明，人力可以为之。

明，对他来说是根本性的统一。"只是一个明，则随感而应，无物不照"。掌握变化，无数的变化都有规律，规律都可以心如明镜地去掌握。

昏了可以磨，浊了可以清，没有什么是不可改变的。治气、治心、治力、治变，人都是可以主动的。

心怎么明？就是诚，心诚则灵，诚是沟通天地的方法。人在天地之间是非常孤独的，但是他一旦觉悟了，天地万物之间的能量就可以取舍了。

心诚则灵，不是说想什么来什么，心唤物至，而是只有心虚空了，洗涤干净了，跟宇宙浑然一体了，才能有某种势能和力量。

在四五十岁，到了这个时间节点，有这个需求和能力，想去找到心的能源，就是看看自己是否在各处都有水源，都有水体，都有水体上的“一照而真”。

我们普通人可以做的就是常觉、常照，为的是不滞留、不留痕，即时行动。

王阳明说：

故不欺则良知无所伪而诚，诚则明矣。自信则良知无所惑而明，明则诚矣。明、诚相生，是故良知常觉、常照。常觉、常照则如明镜之悬，而物之来者自不能遁其妍媸矣。……（《传习录（中）》）

没有模棱两可，没有“类”与“如”的比喻，至诚则勇猛。

你分辨不清，你迷茫，你不知道自己应该做什么，其实就是自己的心不明了。明了，你就能看见、听见，就能收放自如。其实我们最骗不了的是自己，真情，智慧，这些东西有没有，直接能够感知到。

所以，知道这个万有症结和通病，在困惑的时候，你就告诉自己，磨镜子吧。

常觉、常照。子思说的，人一旦至诚，就可以像神一样预知。人一旦至诚，甚至祈雨、祈风停等都可以奏效。

白居易、苏东坡都曾祈雨，也有一些宗教色彩和民俗仪式，苏东坡也写过诚的力量，慢慢回归到人心本身去沟通天地，而王阳明已经完全用心去跟天地沟通，而不是乞求神灵的力量。

弘治十六年（1503 年），绍兴干旱。王阳明用一片诚心感染天地，而不是佛道，“天道虽远，至诚而不动者，未之有也”。他跟苏东坡一样，祈祷的时候，都是直面大自然和内心，没有那么多教派的仪式感。

1510 年，庐陵灭火，他靠诚心祷告便成功了；1517 年，他在福建汀州上杭求雨，也成功了；1519 年，他拜风。宁王叛乱时，船也遇风，后来他在吉安写下“此地曾经拜北风”（《丰城阻风》），回忆当时只是心清，所以风停了。

磨镜就是磨心。忍痛，戒骄戒躁，防止懒惰和堕落，是需要皮肤、血肉、心境的疼痛和清醒的。不是故意去受苦，而是接受苦的客观性。月是相对主观的，镜是相对客观的。

庄子的镜喻（《应帝王》）为：“无为名尸，无为谋府，无为事任，无为知主。体尽无穷，而游无朕。尽其所受乎天而无见得，亦虚而已！至人之用心若镜，不将不逆，应而不藏，故能胜物而不伤。”

庄子的意思是，不要成为名誉的寄托，不要成为谋略的场所；不要成为世事的负担，不要成为智慧的主宰。潜心地体验真源而且永不休止，自由自在地游乐而不留下踪迹；任其所能秉承自然，从不表露也从不自得，也就心境清虚淡泊而无所求了。修养高尚的人心思就像一面镜子，对于外物是来者即照去者不留，应合事物本身从不有所隐藏，所以能够反映外物而又不因此损心劳神。

王阳明说："圣人之心如明镜，只是一个明，则随感而应，无物不照。未有已往之形尚在，未照之形先具者。"

我们终究不是圣人，要想达到这样的境界，首先得经过磨镜，才能在某种契机之下真有了小悟大悟，有了某刻"圣人"的感觉。只要活着，人生就一直在变，我们还要保持平和之中的警觉。

不是所有的境界都是一成不变的，不是一经悟道就永远在圣坛上了，生命是时时刻刻地存在，不是明白道理就可以过好一生的，得有恒定的心火。

王阳明预设了我们保持一种状态的不易，圣人时刻可能就是那么几个巅峰状态。王阳明的三十、四十、五十岁，分别都有三次悟道、证道。

生命不息，悟道不止。

庄子是怎么对待大道的？人该拿道怎么办？闻道、体道、守道。

怎么闻？以明，消除是非偏见，照之于天，用空明若镜的心灵来观照；

怎么体？见独，就是遗忘天下万物，遗忘自身，超脱时间和生死的束缚；

怎么守？坐忘。内心虚静忘我，精神上比鲲鹏要依赖水和风更加无待。

对应到王阳明的三次悟道：

第一次，龙场悟道，点亮了自己的心，闻道以明，在生死边缘，有天外来音告诉他："圣人之道，吾性自足，向之求理于事物者误也！"

第二次，水火战中悟道，在战场上，在具体的生命实践中体道。庄子的境界在天外，阳明的境界在地下源头。

第三次，碧霞池悟道，建立四句教，是守道。他把自己五十多年来的生命实践和哲学体会圆融自洽了，把青年、中年、晚年相互矛盾的思想中和了，守住了自己一生的志愿。

这个过程，其实需要很久很久。我们总是沉溺于品味至高无上，然后忘记了磨。磨是一种体验，它更是一种并行，一种超越。非与现实并行，无法超越。实际上，体道、磨镜的过程，可以贯穿一生一世。

（二）等学迁移

镜子是一种对应、对等，是一种相互借鉴、相互照见，是双向的、多向的，知识能量哲理相互迁移。

《坛经》里说，惠能和神秀在争取五祖的认可的时候，神秀花了四天参禅，送了十三次自己的理解的文字。

你看，在自己最要紧的领悟、思想面前，即便是出家人也都紧张的、有争念的，总想写出、悟出石破天惊的道理。你看，大家在创造自己内核思想的时候，都是自我加压的，都是在持久的迷茫和痛苦里，挣扎着、凝望着、期待着……

内核这东西，其实最骗不过的是自己的心。自己最知道好坏深浅，最知道是不是拿出了自己最认可的、最纯粹的认知核心。诞生新东西，特别是四项核心是非常艰难的。王阳明从十三岁开始就在寻找，找了二十四年才找到。

神秀每次都是恍惚流汗，他其实也是有创见的，写出了菩提树、明镜台（身是菩提树，心如明镜台；时时勤拂拭，莫使惹尘埃），但还是坐卧不安到五更。

你看，灰尘是需要拂拭的，他还没有想到镜子本身也是需要磨的。若论纯俗世生存与发展的话，灰尘只是外在的不净，镜子本身的明，没有被察觉到，磨是要连接自己的皮肤和血肉的。

凡有所相，皆是虚妄。惠能改了他的句子，就显得更加高级圆融。他在《菩提偈》中写道：“菩提本无树，明镜亦非台。佛性常清净，何处有尘埃！身是菩提树，心为明镜台。明镜本清净，何处染尘埃！菩提本无树，明镜亦非台。本来无一物，何处惹尘埃！菩提只向心觅，何劳向外求玄？听说依此修行，西方只在目前！”

按照经书描写，这段话说了之后，“师振锡卓地，泉应手而出，积以为池”（《坛经》）。惠能的能量好高，你看这句经里蓄能储水的寓意也非常强烈。

惠能活了七十六岁，二十四岁就被传衣钵，一度流浪在外，三十九岁才剃度，一共说了三十七年佛法。他的人生也是四五十岁才沉淀下更加隽永的、跨国跨界的心创新，他的创造还熠熠生辉。惠能将其发挥成“四智”：圆镜智、平等性智、妙观察智、成所作智。

中国为什么能够出产原创的“禅”？因为六祖惠能发明了一个重要概念“定慧等学”。

定是目睹诸境不乱，前念不生，过去的就过去；
慧是无碍、迎接无限可能性。

定慧等学，就等于连接了过去未来，只要你活在当下。所以，禅即行动。一触即觉，不假思量，不立文字。

王阳明经过“知识”迁移，将禅的知识迁移到儒家去，所以身心相即，知行如定慧，如水波一体，灯光一体，提出了知行合一，一念起就是行动。（列维·布留儿《原始思维》，取象比类、经验挪移等，是原始思维的延续。）

我觉得很多事情，活学活用，才是真正在心上生根发芽，是因为你知道本源、流向、归属、再循环，知道新生和生机，是因为你觉得宇宙无穷无尽。

王阳明节省了心和行、心和物之间的距离，是一个效率专家。很多时候，为什么会诞生百科全书派、集大成者？一定是有一颗更加透彻、深入无阻，微妙的流畅而光明的心，从心髓入微处的那个创生机制。

他练字，觉悟到“古人随时随事只在心上学，此心精明，字好亦在其中矣”。这似乎是他十七八岁的时候，第一次体会到身心之明。

心学，其实是简单直接的，尊重的是生命的自然跃动。

只要你尊重心的自然，就会走到类似的感受、能量、境界里去。大家都会同频，进入一个共同的密道，其实密道也是坦途。

所谓“人生达命自洒落”（《啾啾吟》），等到大家都“达”了，“明”了，心也就一样了。

除了六祖惠能，影响王阳明比较深的还有庄子，他直接把庄子《大宗师》中的道变成了自己的良知。这样一来，孟子的“万物皆备于我”（《孟子·尽心上》）也就变成了王阳明的“万物皆由于我”。

他说：“天地鬼神万物离却我的灵明，便没有天地鬼神万物了。我的灵明离却天地鬼神万物，亦没有我的灵明。”（《传习录（下）》）还有诸如“万物皆吾躯”“须知万物是吾身”“天地万物，本吾一体也”等等。

而孟子的“反身而诚，乐莫大焉”，变成了王阳明的“反身而诚，乐是心之本体”。在巨人的肩膀上做整合，文化介入生活的系统性和立体性就更好了，介入越深，越符合现代化要求。

传统哲学文化应更有效地应用到现实生产和生活中，东方哲学和美学应创造新一轮发展之心的源动力，启发有智慧的人冲破迷雾超越现实去创造创新。

东方哲学和美学为什么能一直启发西方人在创新上有所突破？比如乔布斯的禅和冥想是苹果产品的深厚底蕴；卡梅隆的水之道那么富有魅力，他精通老子庄子，创造了顶级的视觉体验。而人工智能（AI）时代，东方哲学和美学依然在产生深厚影响，比如著名的 AI 绘画工具 Midjourney 创始人 David Holz 表示：中国古代文学有一些最美的对人类历史的深刻思考，Midjourney 这个名字就来自他最喜欢的《庄子》。Midjourney，简单翻译过来就是"中道"，但它可能不是儒家的中庸之道，而是庄子的"枢始得其环中，以应无穷"，齐万物，齐生死，齐是非就是中道，就是缘起，庄子是中国精神遗世独立的慧根所在。

王阳明诗《书汪进之太极岩二首・其二》云："始信心非明镜台，须知明镜亦尘埃。人人有个圆圈在，莫向蒲团坐死灰。"

父子兄弟君臣夫妇，都是客观存在，佛教却否认，说是不着相，其实是着相了。承认客观事实，顺势而为，看起来是着相，其实是不着相。

真正的不着相是，无论你是谁，都可以有一颗明心，解放一种必然的路径，就能生出更多的新路来。

明镜和尘埃之间的合一，就是人间世，所以叫“人人有个圆圈在”。

人间世，人世间。把自己搞明白之后，不是跟尘埃说再见，而是掌握了尘埃在宇宙中的位置和趋势，真正和光同尘了。

能转能变，才是心学的精髓。王阳明在道家、释家肯定不可能有所超越。但他最懂迁移，最懂变化，为了创造和验证心的学说，他显得无所不能，成为常胜将军，把这颗凡心修炼得真的可以变成明镜。

三面镜子，相互映照，相互取用。镜就是迁移、转化、物我合一的最直观状态。

（三）一照皆真

所谓“照心”，即良知之心；所谓“应物”，即以良知之心感应万物。

所谓“照心”，即良知之心。“无所偏倚是何等气象?”“如明镜然，全体莹彻，略无纤尘染着。”（《王阳明全集》）

所谓“应物”，即以良知之心感应万物，其“随感随应，变动不居，而亦莫不自有天然之中”。（《王阳明全集》）

《庄子·天道》中说：“水静犹明，而况精神。圣人之心静乎！天地之鉴也，万物之镜也。”圣人那颗静静的心，就是万物的镜子。

如果说苏东坡跨越了形似和神似，强调天人合一，从物本转向心本，从物感转到师心，心神交流，瞬间共通，让一切变得低耗能、高感性，人生变得高产高能；

那么王阳明的意义，则是让心和行动之间的距离缩短到零。

一个志在行其所学，心物合一，无感不通；

一个即知即行，强调一念发动即是行，知行合一。

他们完成了在人间创作、创新、创造的新气象，让普通人寻找生机，让卓越者继续改变世界。

阳明说："圣人致知之功，至诚无息。其良知之体，皦如明镜，略无纤翳，妍媸之来，随物见形，而明镜曾无留染：所谓情顺万事而无情也。'无所住而生其心'，佛氏曾有是言，未为非也。明镜之应物，妍者妍，媸者媸，一照而皆真，即是生其心处。妍者妍，媸者媸，一过而不留，即是无所住处。"（《传习录》）

阳明在杭州也喜欢上径山寺，他肯定研究过《大慧宗杲禅法心要》，里面提到："上士闻道，如印印空；中士闻道，如印印水；下士闻道，如印印泥。”最高境界就是当体即空不留痕迹，良知就是明镜，随物见形，无留染。中等的是水，不免动荡，觉之即无，通过觉照之力，不留痕迹。

生命永远在变化。水太普遍了，我们人人都能看到水，这是第一重，水是随物赋形的；第二重的照见，是镜子，明亮，所以，随物见形。

你看，一字之差，苏东坡强调的是我之哲学美学核心去赋；阳明强调的是一颗明心去见万物。赋万物毕竟不太可能，见万物倒是相对简单些，能应用的领域和人群更多些。

我体会的“一照而皆真”，就是有时候，你突然就知道自己要什么了。这种感觉其实很棒，那意味着你已经想通不少事，有了如天命的感觉。就像苏轼开始叫自己东坡，王守仁开始叫自己阳明一样。

如何活在当下？

儒释道的融合，不光是水，镜子也是另一个层面。

《大戴礼记·保傅》："明镜者，所以察形也；往古者，所以知今也。今知恶古之危亡，不务袭迹于其所以安存，则未有异于却走而求及于前人也。"

在儒家那里，归根结底都是取义"借鉴"，而与人心性状并无直接瓜葛；后来理学研究上有了突破，理学家二程兄弟明确以明镜、止水喻心。伊川则曰："圣人之心，如镜，如止水。"

以镜喻心始于道家，《老子》第十章写道，"涤除玄鉴，能无疵乎"，但明确将心与镜子联系在一起的，是《庄子》。

《庄子·应帝王》里说："至人之用心若镜，不将不迎，应而不藏，故能胜物而不伤。”

阳明之心，血脉传承于庄子和苏东坡。

《庄子·天道》则明确将水、镜、心三者串在一起：“水静则明烛须眉，平中准，大匠取法焉。水静犹明，而况精神？圣人之心静乎！天地之鉴也，万物之镜也。夫虚静恬淡、寂漠无为者，天地之平而道德之至也，故帝王圣人休焉。休则虚，虚则实，实则伦矣；虚则静，静则动，动则得矣。”

至于佛家，有明镜台。

阳明融合为：“至理匪外得，譬犹镜本明。外尘荡瑕垢，镜体自寂然。孔训示克己，孟子垂反身。明明圣贤训，请君勿与谖。吾道既匪佛，吾学亦匪仙。坦然由简易，日用匪深玄。始闻半疑信，既乃心豁然。譬彼土中镜，暗暗光内全。外但去昏翳，精明烛媸妍。”

他呈现的是“土中镜”，跟“天上月”对应。

土中镜，被深埋、被污染、被侵蚀，很需要去昏翳，需要磨。

我们在遇见自己真正的核心思想之前，在生命的很多熵增和无序之中，要做的工作就是从无到有再到无。他不光是要从无到有的创造，而且要从有到无地回归，归家不问程途。

镜不是一直“静”和“明”的，需要触碰到那个老、庄、佛所说的“圣人状态”，但对于我们普通人来说是何其难。

让这样的“静”和“明”的时刻多一点。记住，活在当下，就是连接过去、现在、未来的所有能量，就是磨镜去蔽，永远记得点亮自己。

心学的人物，为什么都那么珍惜当下？

我发现了一个小规律：因为他们的身心不够协调，身体总是有点问题。我在研究陆象山和王阳明的时候发现，他们两个都有肺结核之类的疾病，所以格外珍惜时间，看世界的时候，也总是想直接真诚地了解这个世界，不想经历太复杂的仪式感、教义感。理学太繁复、冗杂，宋代生机勃勃，明代则有些束缚人心，需要再一次焕发新生。格物要经过千千万万的事，太累了，太耗了，充满了交易成本。一辈子虽然专一，但没有内心的愉悦感，没有一生的值得感。

生死事大，无常迅速，不执无滞，自证自悟。要影响更多的人，不必遁入空门，依然有心创造，心学就是俗世里的明心见性，世上所有好的修身修心方法，皆可为我所用。

从明镜的角度，我们来聊聊怎么活在当下？

一是磨。

面对自己的内心疑问、觉知上的不悦、长期以来的困境，去觉知，去磨炼，去找内心欢愉的方式、思考的养分。

磨镜，事上磨炼，就是心物一体，人事并行，互动互变，镜相当于涵盖了所有对应性、对照性。

活在当下，不是求静的，越是求静，越不可得。反而是磨字练心，随时应事应物，反倒可以让心更明亮，倒也是一种常自在。

你经历了顺遂、浮躁、挫折等形态，就会发现万化之中，你希望自己的不变是在靠变来获得的，自己的变是靠磨镜之常态来获得体感的。闻道之后，最重要的是体道，体之后，也就知道自己是守着什么“不变”了。

二是等。

或者叫作“称”，人是要知道自己到底有多少实力的，实力是要不断去构建的，构建的时候，心里是要有底层逻辑的。

人应该在自己的底层、本质之上重新构建自己的众多体系，在有了“一”之后，去找“N”。让 N 像一个网一样，天赋、知识、能量、磨炼、领悟，交相辉映、相互穿透、彼此启发，让信息、理论、理念的活跃度提升，让自己的内在世界变强变深。

《华严经》说：“宝网垂覆，光色遍满。”世界被描绘成一张由无数宝石连缀而成的大网，每个连接点上都有一颗宝石，每颗宝石都反射着其他宝石的光芒，也被其他宝石反射着。这就是无穷无尽的镜子，也就是量子思维。

三是照。

一照就是没有任何时滞的知行合一，念起就有行动，照的动作毫无耗能。一照一止，还至本处。因为你知道你的发心、你的纯粹、你的真我，所以，生命体验的妙处，你一照就能得到，无欲无我以观其妙。灵性是直接的。

生命的妙处，五十岁应该去体会，即便再艰辛、再超脱现实，也有妙处。法国精神分析学家拉康认为，“我”的发展因为镜子的制造而进步。是啊，你看，大家又相通了。

心，明月，明镜，水，其实都是一体的。最终是见本源、真己，则可以安然于当下。

六

窍

窍序

前面所说的，镜花水月洞火，其实都是心。

我通过洞、水、火、花，讲了王阳明的一生，通过月和镜，讲了天上和地上。人都是以天地为鉴，以日月为证的。

接下来，我们将体会一些特别的，你走着走着，想着想着，就有新的火花，犹如雨夜中的烟花一样，安静中有激越。你的决心和力量，都在你的心里。

当我想明白写王阳明的第一个字——“洞”的时候，我就去了龙华寺，那个我若有人生想不明白、放不下的问题时，光呆着，就能充进去能量的地方。

欢迎你来到我日常思考的生活。

梅老师，我亦师亦友的有缘人梅老师也住在那旁边。他当过两个出版社的社长，五十岁主动退休，做起了自己喜欢的研究、顾问、创新《大学》《论语》《老子》《庄子》等研究的工作。

那天，是我三年来，第一次走进一个偏殿，有雕塑家在现场雕乌木佛，还有一个撑着杖的门边塑像引起了我的注意。我每次去龙华寺，关注点都不太一样，任我的思绪和心飘荡着落，这既是心有自然着力处，这就是幻化成真。

我询问志愿者：撑着杖的人是谁，怎么那么像东坡？那天我刚好在写“洞”，同时决定，我写阳明，也从苏东坡开始，跟上千本写王阳明的书的开头都不一样。

当你的人生自带创作感的时候，能量会聚集到你身上，所以我顿时感觉心里充满能量，又有苏东坡这个源头，就暂定了“心能源”。基本上我的三十多岁，都在跟随苏东坡和王阳明的脚步，追随他们亦水亦火的哲学体系。

志愿者说，那是波斯匿王。波斯匿王说过——

我们的身体终有一天会坏死散灭，如同眼前许多虚妄境相，念念不住，迁流不息，如同火灭成灰，渐归消失。在孩童之时，我们的肌肤细嫩润泽。到了成年，血气方刚。二十岁时，虽然说还属于青年，但容颜体态已老于十岁之时。三十岁时，又老于二十岁时。波斯匿王据说跟佛陀同龄，他们俩在俗世的身体年龄都活了八十岁，在六十二岁的时候，他们聊起一个话题。波斯匿王说，我各方面都显得垂垂老矣，回想五十岁时，身体还很健壮。但你看，恒河水始终不变。

> 佛言："大王，如汝所说，二十之时衰于十岁，乃至六十，日月岁时，念念迁变，则汝三岁见此河时，至年十三，其水云何？"……佛言："大王，汝面虽皱，而此见精，性未曾皱。皱者为变，不皱非变；变者受灭，彼不变者元无生灭，云何于中受汝生死？"（《楞严经》）

跟我所写的主题，竟然也是如此相应。

佛陀说，此中不断变化的形体，确实最终将会坏死散灭，而那始终不变的见性，是不会随着岁月的推移而有所生灭的。

什么是不变不朽的，是永恒的问题。我们的核心，创心学，至少让我们觉得力量和决心可以去插电、充电的地方非常多。

我发现洞、杖，不变法性、自性的那一天，我也发现了王阳明的思维是回归本源，找到一个新的途径、新的洞口、新的船，去到那个本源。

因为本源里什么都有，不生不灭。穿透历史和人性，是需要极大的能力和磁场的。

梅老师说，提出“洞”很好啊，还有“窍”。人的心原来也不大，就是慢慢变大的，风吹过，如果那个窍足够大，是没有声音的。

我说，对啊，心不是一个容器，它是无限。

你打开了边界，就有了妙。打开了时间，就是打开欲望、忧虑和恐惧。

庄子不说“洞”，庄子说“窍”。

庄子在《齐物论》里提到了“人籁”“地籁”和“天籁”的问题，其实也是“天地人”的基本构架，“窍”是一种新的发现。

柏拉图则在《理想国》里“认知者—被认知对象”的两维结构中开宗明义地提出了著名的“洞喻”。人不仅在洞内也在洞外，人无处不在，都是参与者，枷锁无所不在。

而庄子的“窍”，预设了一个旁观者、聆听者。他在体味大千世界的不同方式，他无孔不入。

他说：“耳止于听心止于符。气也者虚而待物者也。唯道集虚。虚者心斋也。”听，是超越生理融入心里，甚至能达到最高境界的感受方式。

这是庄子“耳—心—气”的逻辑，要以“气”来体悟。只有“气”才因“虚”而能容纳外物，由此才能达到“心斋”的状态。

中国文化就是大的心学，儒家修身，道家修为，释家修行。梅老师说，他发现《大学》里的“知止定静安虑得”其实刚好对应《庄子》内七篇：

知——《逍遥游》，“小知不及大知，小年不及大年”。只有忘却物我的界限，达到无己、无功、无名的境界，无所依凭而游于无穷，才是真正的“逍遥游”。无善无恶心之体，心之体也可以逍遥。

止——《齐物论》，“故知止其所不知，至矣。孰知不言之辩、不道之道？若有能知，此之谓天府。注焉而不满，酌焉而不竭，而不知其所由来，此之谓葆光”。万物浑然一体，并且在不断向其对立面转化，因而没有区别。

定——《养生主》，“适来，夫子时也；适去，夫子顺也。安时而处顺，哀乐不能入也，古者谓是帝之县解”。顺应自然，遵循规律，不滞于物，穷天理、尽道性，有所悟炼就核心。

静——《人间世》，“瞻彼阕者，虚室生白，吉祥止止。夫且不止，是之谓坐驰，夫徇耳目内通而外于心知，鬼神将来舍，而况人乎！”心无任何杂念，静极天心自现，悟出“道”生出智慧，人间世，是水深火热，也是清澈明朗。

安——《德充符》，“忘形”与“忘情”。“吾”丧“我”，无我才能真正地安。

虑——《大宗师》，虑是一种心的完备、心智自由。大宗师是达于道之人。

得——《应帝王》，“日凿一窍，七日而浑沌死”。要回归到本质里去，源头里去，出走之后再回归，才是豁然开朗。

所有的找寻、路径、方法、沉浸、体验，是为了让心越来越大、越来越包容，窍也各有不同。有时候，被开了窍，是被动的，是被苦难召唤出来的无奈的克服。但要趁着这个机会变得更加强大，而不是失去所有自然，就像被过度开发之后的混沌之死。

心学的窍，是日用，是主一，是必，是觉，是断断休休，是合一……

（一）昼夜之道，日用之心

通乎昼夜之道而知。

“夜气说”是孟子提的。《孟子・告子上》中提到“夜气”，他认为“夜气”是一种滋养，是人应该时刻保持的、掌控其内心的必然状态。人不能让“夜气”消散，否则就会有问题，所谓“苟得其养，无物不长；苟失其养，无物不消”。

阳明则认为，孟子说的“夜气”，只是对良心已经失去的人或是普通人才有用，让人意识到应该存养自己的心。但是“良知之体本自宁静，今却又添一个求宁静；本自生生，今却又添一个欲无生”（《传习录（中）》），他觉得这本就是日用品，时时常在，不分白天黑夜。

很多人觉得，很多事情都要条件具备了才行，不然就是莽撞，内心不妥帖，但很多内心自由、心力自由的人，所谓的事情和条件，早就被他感应和筛选过了，他的心能自知，能从无到有创造内心图景，随时都可以启动挑战和体验，因为他的心是明亮的一体的。我现在可以随时随地，在任何场景下看书写作，就是因为知道了如何做到此心不动。

“良知在‘夜气’发的，方是本体，以其无物欲之杂也。学者要使事物纷扰之时，常如‘夜气’一般，就是‘通乎昼夜之道而知’。”

这八九年来，我专注于研究苏东坡和王阳明等人的“心”，就拥有了在每天的平常时间里的欢悦，那些以前曾以为有灵感、启发、高峰体验时才有的乐趣和愉悦。那种欢悦纯粹而通透，清澈而明朗。

我每天会读一本书，坚持四五百天都不动摇，而且也不累，反而形成了滋养，是因为我知道在我的生活系统里，各种情感和理智的流动都在汇入这个湖面，它会悠然自得。

生命需要体感、体味。生活就是体验主义。

我们说过“主一”“精一”“专一”之后，你的现实力量也在涌动，它有时候会让一艘船就这么航行起来，就能承接天地人的各种启发，每天的日子都是不一样的，接纳、承接变化、乘风破浪。

大概就是你在行、舟在行、道在行，日夜穿梭。

我们总能意识到又要做点什么了，然后就去做。训练心的直觉和效能，让它有源源不断的力量。

去找一个每天都能做的、日常修身修心的事儿吧。做久了，它就是你心的机锋。

（二）山高万仞，只登一步

有信心地踏出第一步，你不需看到整个楼梯，只要踏出第一步就好。

——马丁·路德·金

我有时候在想，浙江的丘陵抬眼可见的好处是，刚好看到山，在路边就可以拾级而上，爬了也就爬了，很多事情，做了也就做了。

“只在此山中，云深不知处”是对于高山而言的，而我们这些土生土长的江南人，对于小山小河，是随时随地可以接近的，在山水之间自由切换，内心也灵活多样。

三十五岁后，我逐渐觉得，城市里有山景水景，几步路就能切换各种地形，跟内心已经形成的重重叠叠其实是很相符的。

所以，岁月承认故乡，岁月喜欢岁月。

生命的丰富性、可能性，就是我们一直在追问的，且比年轻时候更有方向感和哲学感，我们有了创造的能量和愿望。我觉得，携带“创作感”进入生活，会让所谓的“临在力”变成“即兴力”。

王阳明在研发心学的时候，大部分也是在山水之间达成的。所以我觉得，心学自带山水味道。山水不仅可以疗愈，在某种程度上也可以是信仰。

据《五灯会元》卷十七《惟信禅师》中记载，惟信禅师说："老僧三十年前未参禅时，见山是山，见水是水。及至后来，亲见知识，有个入处，见山不是山，见水不是水。而今得个休歇处，依前见山只是山，见水只是水。"当然，也带有禅宗味道。

他会说："夫在天之灵，地之精，陶广陵之教学之以为君子之风，神明之事，须也用功夫至，不可以山高不飞也。山高万仞，只登一步。"（《传习录》）

登山即是学。虽登千仞之山，面前止见一步，只登一步，不做高山欲速之想，即是学。（《稽山承语》）

山高万仞，然而放在眼前就是一步又一步，做着做着，你有了体感，有了心发动的那个意——去模仿、去感受音调、韵律、节奏，你就知道该怎么继续创作下去。

亚里士多德的《诗学》里说，模仿出于我们的天性，而音调感和节奏感也是出于我们的天性，起初那些天生最富于这种资质的人，使它一步步发展，后来就作了诗歌。

我们带着创造感登山，会另有一种妙处。

亚里士多德还说，所谓“复杂的行动”，指通过“发现”或“突转”，或通过此二者而到达结局的行动。但“发现”与“突转”必须由情节的结构中产生出来，成为前事的必然的或可然的结果。

山有那种“突转”的感觉，所谓“柳暗花明又一村”。“突转”与“发现”是情节的两个成分，它的第三个成分是苦难。

苦难出现了，好像我们身上的大山也有那么多，重重叠叠，到后来却也习以为常了，不过是攻克一个又一个地方。

大环境不好，有些人反而活出了一种特别的节奏，是因为他带着向上的突破感和向下接近底层逻辑的浸润感。整体的创作，都因涌出新空间而显得丰富、立体。

亚理斯多德在《尼科马科斯伦理学》第二卷第六章里说，“美德乃善于求适中的中庸之道”。他认为美德须求适中，情感须求适度。美德与情感和行动有关，情感有过强、过弱与适度之分，例如恐惧、勇敢、欲望、愤怒、怜悯以及快感、痛苦，均有太强太弱之分，而太强太弱都不好；只有在适当的时候、对适当的事物、对适当的人、在适当的动机下、在适当的方式下所发生的情感，才是适度的、最好的情感，这种情感即是美德。

你看，中西方哲学的代表人物，说的也是差不多的。

我们都在追求，要善于追求。

真善美，大家都是这么说的。

高峰低谷之间，我们都在登山探海，人生的容纳性越来越强。精神是上下，物质是左右，杖就是精神上的自我，顶天立地，自己达到过的高峰和自己能够度过的低谷，就是苏东坡的杖，带着他跨越山海。

不要刻意追求平静，这是从一种执着变成另一种执着。不要去居山枯坐，世事波动就让它波动，波动本身就是天意，更要随物赋形。激情来自天，天意就是起伏、自然。山有起伏，才有美感。

阳明在《答聂文蔚》里说："会稽素处山水之区。深林长谷，信步皆是，寒暑晦明，无时不宜，安居饱食，尘嚣无扰，良朋四集，道义日新，优哉游哉！天地之间宁复有乐于是者？孔子云：‘不怨天，不尤人，下学而上达’。仆与二三同志方将请事斯语，奚暇外慕？”

“深林长谷，信步皆是。寒暑晦明，无时不宜。”当你没有什么私欲，内心明亮的时候，到处都是妙，而不是阻碍和边界。其实，当一个无私纯粹的老师，真的能创造永不停歇的流传感。

登山，等于活在当下、做好当下，“读书作文安能累人？人自累于得失耳”。专注当下、持平常心、在事上磨，就是了。

“只存得此心常见在，便是学。过去未来事，思之何益？徒放心耳。”人到中年，好像已经经历了很多危机和难、坎，过去的，就放下吧。

放下就是放心。

心在，人就能随时复活，伤难免，自愈快，就好。

无论外部如何，我们照顾好自己脚下的路，安排好每天的生活，在能力范围内做到每一步最佳，正念正心。

（三）必有事焉，提撕警觉

命运抓在自己手里，心在自己的宇宙里。平和喜悦之下，可以对世事有一种不耗能的警觉。

勿忘勿助，是孟子讲的。出自《孟子·公孙丑》："必有事焉而勿正，心勿忘，勿助长也。"是指在道德涵养中，心不要忘记、也不要助长。

道家也有运用，张三丰真人云："神息相依，守其清静自然曰勿忘；顺其清静自然曰勿助。"说的是在修炼之中，对于身体内景变化的觉察，以及保持自然的口诀。

其实两者都在强调中道和自然发展，别忘记也别太惦记，让它自然清净。《围炉夜话》里也记录：不忮不求，可想见光明境界；勿忘勿助，是形容涵养功夫。

心是要涵养的。修和磨是一方面，涵和养也是一方面。它有痛苦的一面，也有柔和的一面。柔和的那一面也很重要。

孟子还有一句叫“拱把桐梓”，出自《孟子·告子上》，大意是说人们对桐树、梓树的幼苗都晓得如何培养，却不晓得如何好好对待自己的心，难道人们爱树苗胜过爱自己不成？

之前，我写自己核心观点的时候，因为无法准确地表达而屡屡陷入难过，难过就不想直面，转向做别的事情往往轻松自在又高效。替别人解决问题或者安慰别人的头头是道，到了自己身上却充满障碍。

其实，真正集中心力才能凝练成此时此刻最好的思想状态，一念起即是行，才是对自己人生意志最负责任的方式。

我们要敢于优先面对自己的心。有时候甚至“猛醒提撕，使心不昧”（《传习录》）。

阳明在五十七岁的十月，与豹书：

近岁来山中讲学者，往往多说勿忘勿助工夫甚难。问之，则云：“才著意，便是助；才不着意，便是忘；所以甚难。”区区因问之云：“忘是忘个甚么？助是助个甚么？”其人默然无对，始请问。区区因与说：“我此间讲学，却只说个必有事焉，不说勿忘勿助。必有事焉者，只是时时去集义。若时时去用必有事的工夫，而或有时间断，此便是忘了，即须勿忘。时时去用必有事的工夫，而或有时欲速求效，此便是助了，即须勿助。其工夫全在必有事焉上用，勿忘勿助，只就其间提撕警觉而已。”（《传习录》）

阳明更认可的是“必有事焉”（“我此间讲学，却只说个必有事焉，不说勿忘勿助”），要时时去集义，一直在一种平静稳定的状态中，大事小事都如此。如果这种“事态”感断了，就是忘了，欲速求效，就是助了。一会儿好，一会儿坏，一会儿重视，一会儿不重视，就是不定心。

“必有事焉”，很像是拥有心流，源源不断有能量供给，是因为内核稳定、底层逻辑清晰、哲学理念明净。

生命不是苦役，也不一定要升华苦难，不必刻意强调，不必求，有所求皆更苦。我允许，不是我求。

允许一种苦、一种体验、一种关照，体验和关照会带我们去往一个更广大的存在。

“提撕警觉”，我也有一点切身体会。

经历过生离死别，又多年研究苏王的小悟道，我的情绪大部分时间已经趋于稳定，但有时候还是控制不住，特别是那些根深蒂固的幼时生活场景，那些内心最想改变的东西，即是在现实中改变了，内心仍然会有遗留物，它会不时沉渣泛起。特别是西方心理学上有个专业词叫“儿童自我状态”，就是指童年残留的遗迹、小时候体验过的所有感情。

内心觉悟过后，还有不够觉悟的一部分，最难将息。

所以，内心平和，并不是说要一直情绪稳定，要用强力控制自己，不能大喜大悲。在俗世里，过得太清淡，就产生不了故事和体验。真正松弛的人际关系，是让自己做自己，允许别人做别人，而不是呼吁大家都情绪稳定、内心平静，这样就太单一、冷酷了。

平和、喜悦，是有好处的，那就是让警觉不费力气。如果你的内心是焦虑和忧心忡忡的，时时担心会有危机降临，那反倒会丧失了感应和感受能力。

保持警觉，内外一致，无感和感无，是两个境界。无感是关闭感受、冷漠逃避；感无，是感受到了。

心生平静喜悦，必有事焉，心流稳定，就是把自己还至本处，回到与天地相通的力量源头，万事万物能够传递过来更多信息，让你避险，让你迎接机会。

生命要有个顿点，去回归，去跟自己的感受对应交融和交代，归零到终极核心里，于是心就安住了。

有些东西你一旦意识到，能量管道就打开了，天性打开，安道而行，我已经思考明白终极问题后，光就来了，心就澄澈了，所以任何东西袭来，只需允许和应对就行了。

有时候，人往往毁于一个自己察觉不到的低级错误。警觉不是提防，是一种能量的自我维护和保护。危机中，高压下，做个低维护者，就让它自然过去，等势力释放殆尽，有的时候加强力去压制，反而会适得其反。

为什么需要在事上磨炼？其实更多时候是在情绪上或者

执迷不悟上磨炼。你的心被遮蔽，陷入黑暗，是不可能避开祸的。明白简易，洒脱自在，如其所是，你就不慌张不贪求了。

（四）知路乃行，断断休休

知路乃行，就是知食而食。断断、守善之貌。休休、好善之意。

知路乃行，就如知食而食，自然而然。

阳明先生说："若不用克己工夫，终日只是说话而已，天理终不自见，私欲亦终不自见。如人走路一般，走得一段，方认得一段；走到歧路处，有疑便问，问了又走，方渐能到得欲到之处。今人于已知之天理不肯存，已知之人欲不肯去，且只管愁不能尽知。只管闲讲，何益之有？且待克得

自己无私可克，方愁不能尽知，亦未迟在。”（《传习录》）

大意是，还没做之前，就担心这个担心那个，不想体察天理，也不想克服自己的弱处软项，觉得自己这也不行那也不行，其实意识到自己行的那时候，正心正念就有了。

我能，是一种生命力，不是非要做成什么事，而是我知道我可以，我允许，我甘愿。走一步看一步，不是随意，而是始终带着心、心流的。

登山比较难，大家都预见得到，走路这么日常的事情，里面其实也有很多可以入心的东西。能够感知出来的问题，立刻去解决，而不是去愁各种未发生的问题，去忧患未得到的东西。

我们想不到还能做什么的时候，就去克服自身的软肋，而不是刻意进入新的领域。如果说有些东西是为了克服困境和软肋而有的新的尝试，当然是最好的。而不是说我去读个书、学个新东西、新运动，找个新朋友，等等。

比如我意识到哪里不健康，就不断地去研究它、突破它，这样才能日积月累，久病成医。

行路之中，那些利用人性的懒、散、恶、燥、骄、虚荣等，或许可以获取商业上的成功，收割很多流量，但终究不会长久。人们所积累的内心负资产，需要心能源去补充。

《传习录》里写道：

> 守仁早岁业举，溺志词章之习，既乃稍知从事正学，而苦于众说之纷扰疲疢，茫无可入，因求诸老、释，欣然有会于心，以为圣人之学在此矣！然于孔子之教间相出入，而措之日用，往往缺漏无归，依违往返，且信且疑。其后谪官龙场，居夷处困，动心忍性之余，恍若有悟，体验探求，再更寒暑，证诸《五经》《四子》，沛然若决江河而放诸海也。然后叹圣人之道坦如大路，而世之儒者妄开窦径，蹈荆棘，堕坑堑，究其为说，反出二氏之下。

阳明多次说“圣人之道，坦如大路”。觉得路很难的时候，就想想这句话。

拥挤的路上，自然会难和累。“妄开窦径，蹈荆棘，堕坑堑”，生命是坦途还是沟壑，关键在于我们能不能找到使自己开心、饱满，利己利他的事。

心学在现代的应用，就是让人更加内外兼容，而不仅仅是对自己的内心世界进行过度解读，单一地进行疗愈、治疗等。它其实是让你理顺整个生命系统，有自己的“主一”核心，达成内外一致、心物合一，用心力创造现实能量。

外界带来的不适与不安全感，往往是内心不适的投射。你眼中的别人，就是自己。所有对外来思想、知识、技能的接受，就是对心的兼容性、适配度的考验。我们要研发自己的框架，懂得自己的底层（os），开发自己的潜能（App）。

大路就在那里，空空旷旷的。好比假期里的山川大海，有些地方挤满了人，有些地方没被发掘，两者都是好山川。有些人可以用钱买空旷，有些人可以凭着自己的研究，自然而然地走到了空旷里。

在艰难时期，要凭着脑子和理性的持续在线去行大路。那些没有人在意的地方，人们习以为常的地方里，也藏着很多可以挖掘的、源源不断的能量和力量。不要觉得那已经是一摊死水、一摊被污染过的词汇和文本。在物质和精神的领域，总是可以再创新的。

阳明说：

今佛氏之书具载始末，谓释迦住世说法四十余年，寿八十二岁而没，则其寿亦诚可谓高矣；然舜年百有十岁，尧年一百二十岁，其寿比之释迦则又高也。佛能慈悲施舍，不惜头目脑髓以救人之急难，则其仁爱及物，亦诚可谓至矣，然必苦行于雪山，奔走于道路，而后能有所济。若尧、舜则端拱无为，而天下各得其所。（《王阳明全集·卷九·别录一·奏疏一》）

有些人，为什么能够做到得力处省力、端拱无为？因为道在，惟精惟一，因为他们相信所有人的力量——只要内在有力量有决心，凭借着巨大的认知力、信息力、执行力、优化力，再加一点灵感妙思和传奇色彩，人人都能完成一种肖申克式的自我逃难和救赎。

再难过的关，也会透出一丝光亮来。再难逃的路，都能在命悬一线处找到一丝生机。

我常能听到或者读到一些关于契机、转折的故事，往往在不经意之间，人生有了神助般的力量，就像王阳明能够躲过野庙老虎的攻击，能够遇到铁柱宫的道士……那些塑造了英雄的故事，全都与心的妙旅相应。

孟子说：“可欲之为善，有诸己之为信，充实之为美，充实而光辉之大，大而化之为圣，圣而不可知为神。”

人的行为逻辑和趋势大致被孟子研究明白了——活着就先发一个善念、好念，然后努力去行动，做一个自己喜欢的自己，充实扩大自己的影响力，发光发热、大而化之，大师、圣人、神仙，就这样产生了。

有些人有一种天然的确信感和信心能量是，要在劫中蜕变出一个新的自己，那个能运用所有可能的智慧、使用生命中不可思议的潜能的自己。

这样的人，内心都是“ing”，都是“化”，辗转相生，千千万万之事物出焉。

“观我生进退”，人生嘛，来都来了，体验一把，实验一把，进化一把精神和灵魂再走。

这个过程就是断断休休，断断，是守善；休休，是好善。

我们是不是还怀着很好的心？即便受过很多罪，遭遇过很多考验，被人欺骗过、凉薄过，但还是会追求更好、更光明的东西，而不是一起堕入黑暗。

《尚书》之《周书·秦誓》篇：

如有一介臣，断断猗无他伎，其心休休焉，其如有容。人之有技，若己有之，人之彦圣，其心好之，不啻若自其口出，是能容之，以保我子孙黎民，亦职有利哉。人之有技，冒疾以恶之，人之彦圣，而违之俾不达，是不能容，以不能保我子孙黎民，亦曰殆哉。

《大学》中亦引此段，文字略同：

秦誓曰："一个臣，断断兮无他技，其心休休焉，其如有容焉。人之有技，若己有之，人之彦圣，其心好之，不啻若自其口出，寔能容之，以能保我子孙黎民，尚亦有利哉。人之有技，媢疾以恶之，人之彦圣，而违之俾不通，寔不能容，以不能保我子孙黎民，亦曰殆哉。"

王阳明是明代多元化的产物，同时也在推动多元化，他的出现，是为了解放人们的内心，调动更多的人群挖掘自己生命的潜力。他的出现，极大地调动了中下层民众的心，除了士大夫之外，除了仕途之外，人可以追求自己热爱的领域，做点有生命意识、为生命增值的事情。无论穷达，都可以做点“心上事”。意义不如价值重要。

士大夫普遍认为出仕、达则兼济天下是天职，但是他们往往忽视了自己的整体心绪和精神构造，内心会逐渐扭曲。所以让内心柔软重塑，心学的价值也在于此。

王阳明早年入仕，曾与阁臣李东阳关系很好，后来却在政治上遭其背叛，这也是王阳明形成心学思想的重要契机。王阳明认为，是因为很多人心术不正，才酿成了黑暗。后来他受太监刘瑾的迫害，受了四十廷杖，被贬为贵州龙场驿丞，对黑暗有了更亲身的认知。当时盛行的学问在那种时刻非常无力，心灵黑暗该怎么祛除？

“断断休休”后来也成为阳明一派的政治理念。这个世界，虽然黑暗的力量很大，但善的力量也很大，要始终相信这一点。

（五）孟子大学中庸，合一

阳明在理论上的整合，体现出他的现代观。孟子所说的“良知”“良能”，相当于阳明的“良知”。

《孟子》的“良知”“良能”与《大学》的“致知”结合，成了阳明的“致广大”；而《中庸》的“未发之中”，则向“尽精微”深入，所谓“致广大而尽精微”，阳明的窍门在于用人心的一点灵明，扩充至极，推致给万物的修行功夫。

分开的《大学》和《中庸》在阳明这里再度合一。《大学》原本是《礼记》四十九篇中的第四十二篇，《中庸》是其第三十一篇。

阳明带兵打仗，让儒学的应用突破了此前的极限，且有奇效，其体验性、实验性都是很充足的。特别是他去平叛宁王叛乱，主动去验证，就更显得他为哲学和真理冒险和献身的精神。

事上磨，心上练，格物致良知，最终明确了人是为了找寻心宇宙的终极意义而存在。

其实大家说的都是心。

你看阳明是如何置入统一语境的——

> 必欲此心纯乎天理，而无一毫人欲之私，此作圣之功也。必欲此心纯乎天理，而无一毫人欲之私，非防于未萌之先，而克于方萌之际不能也。防于未萌之先，而克于方萌之际，此正《中庸》“戒慎恐惧”、《大学》“致知格物”之功，舍此之外，无别功矣。（《传习录》）

《中庸》言“中”不言“正”，论“性”不论“心”。“性”乃心之本体，“正”趋于极致即是“中”。

《中庸》里说：“是故君子戒慎乎其所不睹，恐惧乎其所不闻。”《中庸》中的“不睹、不闻”取自《大学》的“视而不见，听而不闻”。

阳明说：“下面‘戒慎恐惧’便是修道的工夫，‘中和’便是复其性之本体，如《易》所谓‘穷理尽性，以至于命’，中和位育便是尽性至命。”（《传习录》）

阳明原本注重的是知行合一中的“诚意”这个关键机制，后来又回到“正心”逻辑。

《大学》中“正心”为：“所谓修身在正其心者，身有所忿　，则不得其正；有所恐惧，则不得其正；有所好乐，则不得其正；有所忧患，则不得其正。心不在焉，视而不见，听而不闻，食而不知其味。此谓修身在正其心。”

阳明说的是“戒慎恐惧”“致良知”“汝但戒慎不睹，恐惧不闻，养得此心纯是天理，便自然见”，就是要保持心的昭明灵觉。

无论穷达，也不论苦乐，都可以丢下历史包袱和内心负重，有机、开放地去做点事情。良知本身不是个道德层面的词汇，而是“不止息的动能”。

《楞严经》说："理则顿悟，乘悟并销。事须渐除，因次第尽。"顿悟和渐修，这种理念上的、思想上的争论，都有了现实的实验场景。世界上的哲学家没有哪一个像他一样，具有实证、实操精神。

所谓"理则顿悟，事以渐除"，找那点启发，那点灵明，就能慢慢找到自己想做的事、能做到的事，核心和应用，核心可以越来越坚固辉煌，应用可以越广越深。

如何原创，如何集成？

王阳明的人生本身，就是一种创新。

他让文人特质、军人特质、艺术家、哲学家特质都结合得完善，所以他能够影响越来越多的阶层和群体，直至后世。

第一，他对哲学有一种原创的追求，从小就想提出自己的学说和理论，在分析和学习了众多领域之后，还是决定对儒学进行创新。中国文化的本源，就是理顺自己的心，惟精惟一，所以他就去找他的精一，他的主一，这也是他的人生追求。我们虽然没有那么高深远大的追求，但是明确地研究自己的心和行，这就是我们生活的基础和本身。

一件事做二三十年是基础探索，一个核心思想经过冒险、探索、验证二三十年，是进阶实验。阳明从十三岁开始，共探索并发展了四十五年，直到生命尽头。

第二，承认圣人时刻。巅峰体验，只是悟道的那个瞬间，大部分的深究还需要磨炼日用。“龙场悟道”是有明确的节点意义的，让人们可以在同等至暗的时刻，可以参考，可以借鉴，达成点状的突破，一念向上，犹如宇宙大爆炸，可遇而不可求。

后面两次悟道，更多的是线状、块状，在特定特殊的场景持续思考，在宽松自由的氛围里的逐渐集成，日用、积累、心流、允而非求、分而合之等，都是创新日用心学的方法。

心即理，心外无理，理者，心之条理，万物无非吾心之发用，心外无物，曾经大家都这样探求过，笛卡尔、朱熹、莱布尼茨、康德、贝克莱、荣格等。心是可能、是实践、是先验、是无他求，自我真心应该自然流淌出来，冲入客观世界，留下生命痕迹。

在原创追求的日常之下，在创新力、创造感的长期陪伴之下，人们得承认日常的巨大作用，昼夜不停，跳出“超越感”的稀缺性，去磨炼自己。

第三，源泉和能量是一体的。心上学，在品不出现实感、灵感、愉悦感的时候，应该去理论的源头上找。儒学就回到孔孟，甚至更早期的思想里去，道家就去老庄思想里找……

你会发现，其实他们的思想都留了可以相互兼容的接口，知识和能量可以相互迁移。去掉庞杂的注释、演化、应用，回到底层逻辑去。

王阳明心学研究的一大法宝，就是将被朱熹分开的《大学》和《中庸》重新组合，并从中开拓出对心学的支撑。知其源头和变迁，更懂归属。所以你先觉知，你要的素材和证据，其实世上全都已经有了，这也是具足之处。

第四，既然要打通知识体系，最彻底的就是把行动和实践一并打通，看自己的生命力，活力，理论的渗透力、影响力、点燃启发力如何。既然这门哲学就是让人心顺事顺的，让人内心能够更适应外在，外在更顺应内心的，那就让所有的试验融通起来。这样，普遍性和适应性就会更强。

人要创新突破，在众多的大家珠玉在前，如何才能脱颖而出？元四家中，吴镇高隐，黄公望畅达，倪瓒孤远，王蒙渲释。王蒙年纪最小，是赵孟頫的外孙，他靠的就是扑面而来的蒸腾气势，铺排画面的那种积极主动，人如何突破，就是靠活力和元气啊，去欣赏一下他的《具区林屋图》。

第五，在纷繁复杂的体系里，如何凝练自己的心？活在自己生活的本质里，做自己可以做、可延伸的、有生命力的事情。山高万仞，只登一步，然后在高峰体验中，凝固自己的“寻—伺—喜—乐—定”。

断断休休，热情和热爱，韧性和坚持都需要。最重要的是，你一定要找那个令你的想象力最舒展的那个源头，那点心火。一个遥远的启示和一个近处的实践，在你生命中完成对接。

记住，只要活着，就可以连接各种活力。

七

梦

梦序

如果窍，是一些具体的让心既广大又精微的方法。那么梦，就是奇妙的启发。人是要有梦的，王阳明总是梦见什么就实现什么。

我们所说的“自我实现”究竟是实现什么？也许梦是最好的提示。

王阳明少时梦见的伏波庙，青年时梦见的王越赠宝剑，梦见苏东坡的哲学对话……一个人要把那些大家研究得透彻到极致，才能在梦中与他们时空相接，一言一行，一举一动，所有的细微细节之处，才都能想象出来。

心学，可想而知，是一种创作法，悟道之后，再入世，以出世之心入世，持续悟道，每十年有一次自我新突破，所能发挥的能量是非常巨大的。

他写了好多关于梦的诗歌，尘梦也是联系宇宙天地，也是悟道。其实，我们可以多用现代心理学、哲学等等研究自己的梦和潜意识。生活可以按照自己的方式防止断裂和撕裂，而融合、凝练是我们成年后的通用法宝。

阳明说："知昼即知夜矣。日间良知是顺应无滞的，夜间良知即是收敛凝一的，有梦即先兆。"这就是他独特的"梦观"。

夜间有良知，原说是万籁俱寂，可以收敛凝一，大家都能感受到，会做梦是先兆，有梦，梦里有光明和核心，指引就会出现。

其实他的观点是，日间也是如此，顺应无滞，不要有分别心，你想做的事情一直在那里，没有任何东西可以干扰你，只要你的认知和心力足够丰厚。

“偶寻春寺人层峰，曾到浑疑是梦中。”（《游牛峰寺四首·其三》）很多时候我们都有感受，有些地方我们好像去过。

他十年后重游西湖时写《西湖醉中漫书二首》：“十年尘海劳魂梦，此日重来眼倍清。”《寄西湖友》里写：“予有西湖梦，西湖亦梦予。”

王阳明和苏东坡都是那样地迷恋西湖，梦都是跟感情相关的，感情丰富的人，信息也丰富，梦也丰富。“故山不可到，幽梦每相关。”（《故山》）“道心空自警，尘梦苦难醒。”（《火秀宫次一峰韵三首·其一》）就算悟道，尘梦难醒，就是因为这世间的情根。

一个有创作心的人，所有的发生，包括梦，都是素材。比如，苏轼的梦是“世事大梦一场”，悟道之旅永不休；阳明也说过“一切世事皆如梦寐”（《王阳明全集·奏疏五》）。

《世说新语·伤逝》中记载，竹林七贤的王戎儿子死了，山简前去探望，看到王戎悲伤得不得了。玄学提倡“越名教而任自然”，超然屋外，出尘脱俗，山简劝道：“孩抱中物，何至于此！”王戎说：“圣人忘情，最下不及情；情之所钟，正在我辈。”钟情之人，适合心学。

五十岁，还能梦什么？多的是。好好静下来，梳理内心的梦、想、秩序……

美国哈佛大学教授杜维明断言：二十一世纪是王阳明的世纪。因为原创性和创新性在这个时代更显珍贵。吸纳整合零散能量，心学将在 AI 时代，让那一点灵明帮助人们度过漫长的变迁、孤独、自由、献身的力量，那是机器没有的能力。

人们，也应该把梦和潜意识的能量，珍惜起来。

人有梦，有宝贵的错觉和幻觉。人可以引诱机器出现错觉，就像摄影师控制相机，这样，艺术就出现了。人工智能和人可以合并起来，激情往往是因错觉而生，这是吴冠中说的，所以……生命往往是一往而深的错觉，这里充满了无限性。

里尔克说：“记忆太拥挤的时候，还是药有很大的忍耐期待它们回来。因为记忆本身还不是这个，必要等到它们成了我们的血液、眼色和姿势了，等到它们没有了名字而且不能别于我们自己了，那么，然后可以希望在极难得的顷刻，在他们在当中伸出一句诗的头一个字来。”

余华说，一个梦，有时候让一个记忆和一个故事回来了，然后一切改变了。

（一）梦马援王越

最不可能被预期的反而最少障碍。心纯乎天理，对人的感知力、凝聚力也会增强。

十五岁的王阳明，在居庸三关考察了一个月之后，下了很大的决心去研究军事，从文学转到更加能涌起、凝起决心和意志的军事领域。

他回到京城就做了一个梦，梦到自己崇拜已久的东汉大将马援（前 14 年—49 年），还梦到他在拜谒伏波祠，并写了一首诗——“卷甲归来马伏波，早年兵法鬓毛皤。云埋铜柱雷轰折，六字题诗尚不磨。”

“卷甲归来”，是指马援平定交趾叛乱胜利归来，在边境立了一根铜柱，上书——“铜柱折，交趾灭”。

人的命运是可以相似的，因为模仿是人类的天性，热情、天分、韧性都有助于更好地模仿。

王阳明后来也成为平定各种叛乱的英雄。人需要被一种人格魅力、气质吸引，牢牢地牵引，让自己内心有个支点，可以跟榜样们更好地对接起来。

据说伏波庙在岭南地区历史上曾广泛分布，苏东坡在《伏波庙记》中记：“汉有两伏波，皆有功德于岭南之民，前伏波邳离路侯也，后伏波新息马侯也。”

苏东坡也是军事战略研究的爱好者，必然也研究过马援。为什么正念的、持久的精神往往特别有力量，因为可以凝聚起一代又一代的新力量。

“马革裹尸”“老当益壮”“穷且益坚”均出自马援之口。《后汉书·马援列传第十四》记载：“援曰：‘方今匈奴、乌桓尚扰北边欲自请击之。男儿要当死于边野，以马革裹尸还葬耳，何能卧床上在儿女子手中邪？’”

阳明的梦，有强烈的现实感。梦什么就实现什么，无论相隔时间有多远。他的生命验证感很强烈。

从四十五岁开始，王阳明果然成了平定叛乱的常胜将军。当你的能力被政治经济社会领域认可之时，责任、重压、任务都会袭来，必承其重，必有事焉。他跟他的偶像一样，也在南方、西南各地辗转战斗。

在他生命的最后一段岁月里，他偶遇了伏波祠（从广西思、田返乡途中，经乌蛮滩巧遇）。走着走着，偶像的人生就变成了他的人生，走着走着，生命意识完成了合流。

他写下梦中绝句：

此予十五岁时梦中所作。今拜伏波祠下，宛如梦中。兹行殆有不偶然者，因识其事于此。

卷甲归来马伏波，早年兵法鬓毛皤；云埋铜柱雷轰折，六字题诗尚不磨。

四十年前梦里诗，此行天定岂人为！徂征敢倚风云阵，所过须同时雨师。尚喜远人知向望，却惭无术救疮痍。从来胜算归廊庙，耻说兵戈定四夷。（其一）

楼船金鼓宿乌蛮，鱼丽群舟夜上滩。月绕旌旗千嶂静，风传铃柝九溪寒。荒夷未必先声服，神武由来不杀难。想见虞廷新气象，两阶干羽五云端。（其二）（《谒伏波庙二首》）

其实梦中遇到的，照理说，岁月更迭，他完全可以刻意地去寻找现实场景，但偏偏是在他生命快结束的时间段，无意间遇到了四十二年前梦到的、做过诗的庙。

生命完成一个个闭环，可见也是心学信仰者的“完成感”仪式。所谓“人人有个圆圈在”。

我们此前提到过，他在工部负责的第一个项目就是修建王越的墓。他也曾梦见过王越（1426 年—1499 年）给他赠送宝剑。弘治十二年（1499 年），阳明二十八岁，进士中第。这年秋天他恰奉命督造王越坟。造坟过程中，阳明将役夫编阵，演练“八阵图”。墓成，威宁家将王越生前所佩宝剑相赠，又是早有梦验。

王越，既是将军又是诗人。身经十余战（红盐池之战，奇袭威宁海，追战黑石崖，延绥大捷，累功起嫉，直捣贺兰），出奇取胜，动有成算，又提携后进，笼络豪俊，深得众心。唯独因交结宦官而受士人诟病，饮恨而死。怎么两人的命运也是如此相似？不过他的诗名和战功，未能形成像王阳明那样对后世巨大的影响力。

可见，核心思想、哲学的凝练，甚至不拘一格吸纳学生同道同行的体系，还是有本质的区别。一个人得有自己的道。

王阳明钦佩这样的当世楷模，在其身上获得了很多能量和启示，还获得了王家后人赠送的宝剑。他军事成就上的自我实现，再加上心学的佐证，让他即便去魅，也有绵延于历史中的客观存在做底蕴和基础。

（二）梦苏东坡

他梦到过的哲学性质的对话体，完整而全面的对象，就是苏东坡吧。跟苏东坡一样，王阳明记梦是如此清晰。

从《永遇乐·彭城夜宿燕子楼》这首词可见，苏东坡写的梦中事越来越清晰，人到中年越来越感觉到内心世界的广阔，可能有几千个地方会被开拓出来。在梦深处看见的东西，能直接成为一幕剧、一首词，这大概就是老天的恩赐。

因为我长期研究苏东坡，所以，我能感知到苏东坡在很多场景下的存在，于是找到了苏东坡与王阳明在哲学、艺术上的相须相使相济。也发现，王阳明一度幻想过苏东坡与客在黄楼的对话。

苏轼在前后《赤壁赋》里面的对话体，我与客之间的对话，其实也是模仿《庄子》等古籍。阳明自然也有所借鉴和发挥。

他专门写过《黄楼夜涛赋》：

> 朱君朝章将复黄楼，为予言其故。夜泊彭城之下，子瞻呼予曰："吾将与子听黄楼之夜涛乎?"觉则梦也。

感子瞻之事，作《黄楼夜涛赋》。

子瞻与客宴于黄楼之上。已而客散日夕，暝色横楼，明月未出。乃隐几而坐，嗒焉以息。忽有大声起于穹窿，徐而察之，乃在西山之麓。倏焉改听，又似夹河之曲，或隐或隆，若断若逢，若揖让而乐进，歙掀舞以相雄。触孤愤于崖石，驾逸气于长风。尔乃乍阖复辟，既横且纵，摐摐渢渢，汹汹瀜瀜，若风雨骤至，林壑崩奔，振长平之屋瓦，舞泰山之乔松。咽悲吟于下浦，激高响于遥空。恍不知其所止，而忽已过于吕梁之东矣。

子瞻曰："噫嘻异哉！是何声之壮且悲也？其乌江之兵，散而东下，感帐中之悲歌，慷慨激烈，吞声饮泣，怒战未已，愤气决臆，倒戈曳戟，纷纷籍籍，狂奔疾走，呼号相及，而复会于彭城之侧者乎？其赤帝之子，威加海内，思归故乡，千乘万骑，雾奔云从，车辙轰霆，旌旗蔽空，击万夫之鼓，撞千石之钟，唱《大风》之歌，按节翱翔而将返于沛宫者乎？"于是慨然长噫，欠伸起立，使童子启户凭栏而望之。则烟光已散，河影垂虹，帆樯泊于洲渚，夜气起于郊垌，而明月固已出于芒砀之峰矣。

子瞻曰："噫嘻！予固疑其为涛声也。夫风水之遭于澒洞之滨而为是也，兹非南郭子綦之所谓天籁者乎？而其谁倡之乎？其谁和之乎？其谁听之乎？当其滔天浴日，湮谷崩山，横奔四溃，茫然东翻，以与吾城之争于尺寸间也。吾方计穷力屈，气索神惫，懔孤城之岌岌，觊须臾之未坏，山颓于目瞢，霆击于耳聩，而岂复知所谓天籁者乎？及其水退城完，河流就道，脱鱼腹而出涂泥，乃与二三子徘徊兹楼之上而听之也。然后见其汪洋涵浴，潏潏汩汩，彭湃掀簸，震荡泽渤，吁者为竽，喷者为篪，作止疾徐，钟磬柷敔，奏文以始，乱武以居，呶者嗃者，嚣者嘷者，翕而同者，绎而从者，而啁啁者，而嘐嘐者，盖吾俯而听之，则若奏箫咸于洞庭，仰而闻焉，又若张钧天于广野，是盖有无之相激，其殆造物者将以写千古之不平，而用以荡吾胸中之壹郁者乎？而吾亦胡为而不乐也？"

客曰："子瞻之言过矣。方其奔腾漂荡而以厄子之孤城也，固有莫之为而为者，而岂水之能为之乎？及其安流顺道，风水相激，而为是天籁也，亦有莫之为而为者，而岂水之能为之乎？夫水亦何心之有哉？而子乃欲据其所有者以为欢，而追其既往者以为戚，是岂达人之大观，将不得为上士之妙识矣。"

子瞻展然而笑曰："客之言是也。"乃作歌曰："涛之兴兮，吾闻其声兮。涛之息兮，吾泯其迹兮。吾将乘一气以游于鸿蒙兮，夫孰知其所极兮。"弘治甲子七月，书于百步洪之养浩轩。

黄楼是苏东坡在徐州治洪一个月之后，受朝廷嘉奖建造的纪念楼。其实他那时候也是羽衣飘飘、仙风道骨的感觉，在徐州期间其散文功力大涨。徐州之后他便去往湖州，湖州之后便是下狱，然后被贬黄州。

阳明写道，他们听到了"大声起于穹窿"，"又似夹河之曲，或隐或隆，若断若逢""若风雨骤至，林壑崩奔，振长平之屋瓦，舞泰山之乔松"。他们一直在探寻声音为什么会这么悲壮，是乌江的楚汉之战遗声轰隆吗？看世间汹涌澎湃的一切，最后总会终结于一轮安静的明月，"夜气起于郊垌，而明月固已出于芒砀之峰矣"。

洞和窍，在发声，庄子里的天籁，谁唱、谁和、谁听？

继而写道："是盖有无之相激，其殆造物者将以写千古之不平，而用以荡吾胸中之壹郁者乎？而吾亦胡为而不乐也？"

你看，阳明也注意到了苏东坡的“有无观”，你看，有无相激，就像水的激荡，其实他也非常明白这种创造的感觉，这种感觉一定要把“吾胸中之壹郁者”表现出来、呈现出来。

然后阳明借客的话说：“及其安流顺道，风水相激，而为是天籁也，亦有莫之为而为者，而岂水之能为之乎？夫水亦何心之有哉？而子乃欲据其所有者以为欢，而追其既往者以为戚，是岂达人之大观，将不得为上士之妙识矣。”

他说，其实那就是自然。苏东坡说，你说的对，我也会“将乘一气以游于鸿蒙兮”。

你看，苏轼的形象永远是包容的。

在龙场悟道之前，王阳明也曾深受道家观点的影响，有人说他还没有完全理解苏轼，但在我看来他是懂的。比如为什么会在有无之间生成新物，因为儒家就是推己及人，有我之境，留在这个世界上，成为原创家。

不过那时候的王阳明觉得，道家的自然境界显然要高过儒家。这篇文章写于 1504 年，他三十三岁，龙场悟道发生前四年。黄楼建成是熙宁十年（1077 年），苏东坡离经历生死劫，距离被贬黄州，也还有两三年。其实那时候两人都更偏向道家思想。

龙场悟道提出“心外无物”，已达到“无我亦有我”“有我亦无我”之境界，以儒家为主导灵魂，儒道释诸家杂糅一体，已是阳明心学的肇端。

我从 2015 年系统研究王阳明以来，首先在苏东坡身上得到非常浓厚的共鸣，然后再回到阳明心学这里，一切都在冥冥之中不断延展、发展。原来，阳明也梦到过东坡。

人生的开拓，其实很大一部分在于潜意识，那是我们最特别的地方、蕴藏宇宙的地方，想要接近羲皇世界的高古、上古，就要靠一道天雷劈过。

《米芾草书论书帖》中说：“草书若不入晋人格，辄徒成下品。张颠俗子，变乱古法，惊诸凡夫，自有识者。怀素少加平淡，稍到天成，而时代压之，不能高古。高闲而下，但可悬之酒肆，辩光尤可憎恶也。”生命要超越现实，接近天成和高古，只能是高能的梦。

（三）生死悟道梦

平生生死梦，三者无劣优。

——苏轼

王阳明的生和死，都跟梦有关。

首先说生。宪宗成化八年（1472 年）九月三十日，阳明生母郑氏已妊娠十四月，祖母岑梦神人着绯衣云中鼓吹，送儿授岑，岑警寤，听到啼声。

再说死。嘉靖八年（1529 年），阳明的葬礼在洪溪举行，门人会葬者达千余人，洪溪去越城三十里，入兰亭五里，墓址为阳明生前亲选。“先是，前溪入怀与左溪会，冲啮右麓，术者心嫌，欲弃之。有山翁梦神人绯袍玉带立于溪上，曰：‘吾欲还溪故道。’明日雷雨大作，溪泛，忽从南

岸，明堂周阔数百尺，遂定穴。”（《阳明先生年谱》）

弘治五年（1492年），阳明二十一岁，他在乡试中举之前也有个奇梦：在考场半夜梦见二巨人，各衣绯绿，自言自语说“三人好做事”。结果他与孙燧、胡世宁同时中举。

正德二年（1507年），阳明三十六岁，他做了一个很深刻的梦，还专门用三首诗记下梦的内容——《梦与抑之昆季语湛崔皆在焉觉而有感因记以诗三首》。那时候他已经经历了牢狱劫、逃难劫。

阳明“梦后三首”之二写道：“起坐忆所梦，默溯犹历历。初谈自有形，继论入无极。无极生往来，往来万化出。万化无停机，往来何时息！来者胡为信？往者胡为屈？微哉屈信间，子午当其屈。非子尽精微，此理谁与测？何当衡庐间，相携玩羲《易》？”

现实中，汪俊、甘泉、崔铣跟阳明之间时常通信写诗，为了论道。在阳明梦里，他们也在论道。

“无极生往来，往来万化出。万化无停机，往来何时息！”其实龙场悟道的前一年，他的梦已经从现实经历中凝结出了核心观点。用现代观点来说，潜意识里的能量，能够让知识变成智慧。

三十七岁，他在石棺里坐着，让自己进入了比梦更深的精神世界里，“寤寐中若有人语之者”，听到有人跟他讲话，仿佛天启。

他的梦，不是在做将军，就是在做文，但更多时候，是在论道。

很多写日志的人都会记梦，比如陈白沙的老师吴与弼的《日录》就会梦到孔子、文王等。陆王心学本身就有悟道甚至梦中悟道的传统。象山弟子詹阜民、傅子渊、杨慈湖，阳明后学钱德洪、王艮、聂双江、罗念庵、万廷言、蒋信、胡直、颜钧、罗近溪乃至东林党人高攀龙、理学殿军刘蕺山等均有梦中悟道的经历。

生命的妙处，都在自己心里。

如何嘿嘿昧昧，自我实现?

读《王阳明评注武经七书》，人生如战场，就是“校计索情”，神明妙用，要立于不败之地，就要形藏不露，兵出万全。嘿嘿昧昧（评《六韬》文师第一），就是韬光养晦，其光必远。“强弱征兆，精神先见”（评《龙韬》兵征第二十九）。

阳明说，人贵有强大的谋略和内心世界，韬光养晦。

我十二岁的时候，就觉得自己以后会是作家。我常常跟一棵榆树对话，看着它发芽，春天长满榆荚，然后在夕阳的晚风里、在红色的霞光下里落下。

我不光做梦会梦到它，甚至一提及它，记忆里那些色彩饱和、对比强烈的画面，依旧那么真实。

我生命中的所有伤痛、疼痛，都被我的作家叙事包裹住了。庄子的葆光思维一直在保护我，所谓“至忘而照，即照而忘，故能韬蔽其光，其光弥朗”。我很容易记住也很容易忘记，有些东西是记住的放下，有些是忘记的放下，其实都是自觉不自觉地回到生命的自我逻辑和本源里，能量也因此而取之不尽。

但在我没有遇到苏东坡和王阳明之前，我的心也是不通透的。我不能固守于自己的想象，自我认知的真实随性，我要经过，我要忍耐，要有各种各样的侧面，要有各种各样的绝境和突围，有各种各样的限制和伤痛。

梦其实是一种潜意识。意识和潜意识，其实也是合一的，所以要随时调动自我的力量，不要让它逼仄、拘谨，让它天真自由地想象。破我相为什么难？因为破的都是自以为的真和执。真和执，是看起来好的正面价值和能量。

在人间，在丰富的人生里，我看到的、意识到的，都将滋养我主动改变，只有这样，我的心才能在先哲们的心海里畅游，从树上的阳光看到海洋里的日出日落，看到生命力的蓬勃。你只有点自己的光，破自己的相，你认为的真实虚假都破了，才能不断产出，才能有源源不断的力量。

我想起小时候，时常有一些奇怪的、强烈的元素来刺激我们“自我种子”的出现和萌发。

十五岁，王阳明梦见了马援；二十五岁，他梦见了王越；三十三岁，他梦见了苏东坡；三十七岁，他梦见了圣人，而他，成为每一个他曾梦见的人！他终其一生都在竭力改变着自己的生命形态，他的生命力饱经坎坷却始终旺盛。即便他对底层逻辑早就通透了，所有的现成元素、关系之间，还在涌现，融合……这就是生命超出自我理解的部分。

人需要被一种人格魅力、气质吸引，牢牢地牵引，也让自己的内心有个支点可以跟前人更好地对接起来。只有与前人完成深度连接，才能激发自我从没有启用过的维度。

你只有把自己的核心打磨得很强大、很凝练、很有光芒，才能释放出更多的能量。

梦里悟的道，也是现实的核心。

八

乐、美

乐美序

当我写王阳明如何让你感到快乐的时候，你肯定惊讶，心学不是让人精进的吗？不是提供心力心能的吗？怎么也研究快乐呢？

你只有真的快乐，才真的有源源不断的能量。

真正的快乐是多么稀缺，孔子弟子三千可能只有曾点有真快乐。从我自己的经验来看，目前最快乐的事情就是连接苏东坡和王阳明的能量，把自己的生命意识通过这些能量变成文字。还是那句，带着“创作心”生活，就会产生源源不断的心力。

“乐是心之本体”，心如果是明亮的，它就是快乐的。明亮是因为你知道自己要做什么，全身心地投入其中，当然是快乐的。就像佩索阿说的，“我的整个身体躺在现实上，我因体验到真理而快乐起来”。

王阳明让知、善、乐都进入了本体论层次，在“智的直觉”的观照下，真善美是合一的。

他说：“良知不滞于亦不外于七情，本体之乐不同于亦不外于七情之乐。”所谓当下的快乐，应该就是“本体之乐”，如其所是，穿透了有和无的对立，去了执着，融合了有和无，回归到本源的快乐。

你看，他承认人性、七情之乐，而超越，有时只需要回归到原初状态。

良知的内向觉醒与外向去蔽，内外合一，无坚不摧。

明末清初天主教传教士来华传教，与阳明学者针对人生之苦乐问题进行了深入辩论。阳明学者认为乐是心之本体，圣学自然具有乐的境界；传教士认为乐的境界需要通过为主受苦才能达到。

阳明认为，乐是天然的，不需要用苦去凝练、觉悟才能去到极乐之地，苦难也未必能创造辉煌。快乐是简单纯粹的，可以一超直入，因为你本来皆有。回归童心、天真、真实，快乐其实就有了。不必一定要苦难重重，好像只有历经世事沉浮，才会有觉悟。我们当然更不必歌颂苦难。

所以，无论你多少岁，时间在更深的宇宙里都是忽然之间。有这样的思想在，乐在，就是活着最好的感觉。

儒家人都喜欢曾点，只是喜欢的程度和层次不一样：程颐、朱熹、胡居仁、夏东岩等理学家认为曾点舞雩有凤凰翔于千仞的气象，却又认为曾点之乐为劳攘而不加收敛，怕他太过沉溺，有点卫道士的谨慎感；而心学家陈白沙，高度赞扬曾点舞雩之乐，等同于孔颜之乐。

王阳明在陈白沙的基础上，更是认为曾点之乐有“无入而不自得”的不器之意，高度钟情于其“铿然舍瑟春风里”的狂者乐趣。儒家其实也向往自由，但他们的功业心太重，工具理性和价值理性都把他们捆绑在既定的框架里，怎么可能不器。他们虽觉得老庄的无为和逍遥是遥远的，但曾点的自在自得还是在他们同类范围内的极致追求。

儒家有智慧的快乐，也有自然的快乐。不用整天苦哈哈的，也可以乐呵呵的，甚至是活泼泼、兴冲冲的。

礼以别异，乐以合同，虽然儒家分别之心严重，但它更知道中和，二分之后合一，乐就是最好的合一方式。儒家的礼乐，本就是一个丰富的审美体系，包含着仪式美、情感美、教化美、制度美、音乐美等等。

他重新发现了那些被压抑的美妙的东西。事物都有两面性，儒家那部分轻盈美好的东西长期被压抑，被王阳明拿出来重新发挥了新的作用，“以心释礼”，审美结构就不一样了。

他强调“万物一体”，所以我们可以放心地去接纳，这样心就轻松了。

为什么人要快乐？就是要了解快乐的来源、快乐的稳定之处，哈佛大学积极心理学埃伦·兰格说，留意变化，用心关注，保持觉知，活在当下，把身心还原为一体。

宋儒就开始强调“变化气质”，阳明则将“变化气质”变得更加可操作——人都可以磨炼自己的心，人性具有自我认同的善性，达到人性之美。

你不再深陷社会关系之中，你将身体、思想、意识、生死等等条件都逐个放下，就会变得开放、纯粹、超然。你开始旁观，视角开始宏大，感觉也会妙起来，你不光是个体，也是群体，是人类，是地球，是宇宙……

所有观点和发现，不过是呈现本质的丰富多彩的手段。

他强调“悦之深”与“洒落”的审美境界；他强调“虚灵”的审美态度和“觉”“体”两种审美方式，就是去体验、去觉知、去感受，无所挂碍地去创造……

于是，他开创了不一样的音乐教育、儿童教育和乡约等等。

所以，乐在这里既是快乐，也是创新中的美学。

乐和美，现代人修习心学最容易从中接受源源不断的能量的，就是学会自己快乐，学会自己美好生活。

（一）当下师，常快乐

王阳明五十岁左右还说自己“童心犹在”。

阳明曾写过《别希颜二首》：

中岁幽期亦几人，是谁长负故山春？道情暗与物情化，世味争如酒味醇。耶水云门空旧隐，青鞋布袜定何晨？童心如故容颜改，惭愧年年草木新……

后来，他的信奉者李贽还系统地提出了“童心说”。

如果身心很笨重，想突然快乐起来，就念王阳明的口头禅——“常快乐”。

他果然是“当下师”，狂心和歇心，也是一体的。

我们可以幻想出几个画面：

第一个，王阳明的教学课堂。他是个音乐发烧友，在课堂上演绎“九声四气歌诗法”。九声，即平、舒、折、悠、发、扬、串、叹、振。四气，就是春夏秋冬。更重要的是他的课堂上时常敲锣打鼓，热闹非凡。

主要乐器有三种，鼓、锣、罄，唱诗之前，擂鼓五声，敲锣三声，结束的时候击磬三声。诗唱一遍，九声半篇，四气半篇；唱两遍，就是九声全篇，四气全篇。

王阳明考进士的时候在六经里选了《礼》而不是《诗》。他觉得音乐是阳的，是生发的，是生长的。

后来，他的音乐教育也一以贯之，走到哪里都让学生唱歌，“九声四气歌诗法”又叫“阳明调”。虽然当时的书院都是理学为主，但是他力所能及地改变教学气氛，让学生们唱歌、游山玩水，他则随处指点。

感化、感染、感变，有时候需要一点随性、自在。

第二个，王阳明会写曲子。在被发配的路上，路过西湖时，他突然不想走了，写下一组《归隐》，这个“套数”被收在《全明散曲》里头。这一组散曲的曲牌非常复杂，有十个左右，其中：【双蝴蝶】陶彭泽懒折腰；载西施范蠡逃；张孟谈辞朝；七里滩子陵垂钓；陆龟蒙笔床茶灶；东陵侯把名利抛。【尾声】是从来得失知多少，总上心来转一遭。把门儿闭了，只许诗人带月敲。

音乐让人快乐，音乐疗愈人心，越沉闷的时候越要轻松，哪怕是自娱自乐都好。他说良知即是乐之本体，致良知就是找到“大快乐”。

第三个，王阳明在龙场给生病的仆人们演奏音乐。他自己砍柴、取水，还给仆人们煮粥。为了使病人们心情舒畅，王阳明还为他们唱歌，如果他们仍感到忧郁，他就给他们弹唱家乡的小曲，讲好笑的故事。只有这样，他们才会暂时忘却病痛和劫难之下的悲惨生活。

常快乐是真功夫，所以王阳明经常在口头上提示自己。很多人是快乐不起来的，或者快乐不长久的，因为内心存养量不够，在对付负能量的过程中都耗尽了。或者很多人是现学现存，用完也就茫然了；或者压根就觉得快乐是轻浮的，甚至是有罪的；或者自己有非常深的执念和不配得感，宁愿在苦大仇深里挣扎，寻找不用改变的确定性和安全感。人要从多个侧面主动塑造和改变自己。

常快活是功夫，让生命变成欣悦的灵魂，是功课。自己成全自己，找到快乐的根源也是自己成全自己。王阳明当老师的时候，也是想起什么说什么，快乐随心，有的时候甚至是沉默，因为很多时候，并不一定要用语言表达，很多事情都是不立文字、不传文字的。

他的弟子，创办了泰州学派的王艮还创作了《乐学歌》：

> 人心本自乐，自将私欲缚，私欲一萌时，良知还自觉，一觉便消除，人心依旧乐，乐是乐此学，学是学此乐。不乐不是学，不学不是乐，乐便然后学，学便然后乐。乐是学，学是乐。呜呼，天下之乐，如何此学，天下之学，如何此乐。

“致良知”提出的那年，他收了弟子王艮。

外在的东西容不进内心所需，看来也是个自古就有的长期课题。人之为人，有些不得不做，更多的时候，只有心意知行物合一了，内心才是圆满富足的。

自律、爱学习、苦修苦练，都是反人性的。但是，反人性也是人性的一部分。等到你觉得自己受困、被绑了，那就下意识地在心里解开一下。

我看到有句话非常有道理：把生活看成你做的事情，而不是你遭遇的事情，主动权就一直会在自己身上。

你看“悟”字，就是我心俱足；“道”字，就是我足行我心，悟道就是知行合一，就是感受问题，实时解决。如果解决不了，承认自己的能力有限，就去修炼提升自己的能力。

当代国学大家傅佩荣说，一旦你悟道，世界上便只有一件事要去做，就是设法活得愉快。

我们现代人说，人要有内心资产。不以物喜，不以己悲，是因为你的内心有稳定的存量资产，自有源泉，就不会枯竭。那种快乐，颜回有，“人不堪其忧，回也不改其乐”（《论语》十二章）。

内心资产要靠养心、种德、立志来不断滋养。心学就是井中水源，四通八达。除了颜回，孔子和王阳明都喜欢的还有曾点。其他弟子的目标都太具体，具体就是有限。古代，君子不器。

在人间，好玩很重要，曾点“似耍”，自得其乐，无入而不自得。对于太自律自苦的人而言，尤其需要提醒自己快乐。

《传习录》中载：“孔门言志，由求任政事。公西赤任礼乐。多少实用？及曾皙说来，却似耍的事。圣人却许他，是意何如？”曰：“三子是有意必。有意必，便偏着一边。能此未必能彼。曾点这意思却无意必。便是’素其位而行，不愿乎其外。素夷狄，行乎夷狄。素患难，行乎患难。无入而不自得矣’。三子所谓’汝器也’。曾点便有不器意。然三子之才，各卓然成章。非若世之空言无实者。故夫子亦皆许之。”

子路、冉求、公西赤三人所说的志向，有“意”“必”的问题，一定想要如何如何，志向就偏着一边了，可以这样就不可以那样了。有用之才和通达之人，都值得赞许。只是内心快乐度更高的人必定是通达之人。

心学在现代的效能，就是让体验的质量提高。如果体验感很好，不仅是外界提供的服务和体验感好，自己也能提高自己的感受力和体验力，快乐才能更多一点。

很多人在中年的时候，内在体验感突然变强了，就变成画家和诗人。比如巴黎有一个马约尔美术馆，专门展过人到中年突然天真了的画家们，包括小职员、邮递员、家庭女佣等。最著名的是四十九岁开始画画的卢梭，他是法国后期印象派画家，被称为“原始派画家”或“天真画家”，主要作品有《梦》《墨西哥人》等。

人过三十五岁之后，另一个空间会打开，知道这一点，无论苦乐，请你允许它们发生。心学其实是一个实时调整的功夫学，虚实、内外、温凉、阴阳，时时加减。人有时候要提取非常古老的精神力量，来作为自己力量的补充。

王阳明读《大学》古本，选的是汉代郑玄整理的版本，而不是朱熹的。东汉郑玄的精神力量也是很强大的，他四十六岁被禁锢，到了五十九岁才蒙赦令。十三年之间，他把经学重新梳理了一遍，写下几百万字。这种精神力量，百年后还能打动人心。

王阳明讲学非常自在自得，即兴、艺术、当下投射，不执着，不留痕迹，弟子们把他的话记录下来，几年之后才能想起，哦，老师当时的话这么深刻，话里的理几乎贯穿了自己的人生线条。

儒释道的各种能量、技术、方法，都可以互动和迁移，这就是心学自带的能动性。心是什么？是“随感而应，无物不照”。

所以，不快乐，就是不去返照了。

自己不亮是照不见任何东西的。人生就是问了还走，顿悟了还修。所以快乐本就在行动之中。

人为什么不快乐？是因为染尘，不纯粹、不洁净了，擦一擦，亮一亮，光明就有了，新生就有了。

声无哀乐，嵇康说音乐就是平和，王阳明肯定受过嵇康的影响，才会说，无善无恶心之体，人随时可以回归到最初状态（还至本处），给了我们一种从生走向死的必然旅程里还能返回向生的希望，给了我们一种保持童心和纯粹的希望。

为何不快乐一点呢？我以前看到“人生为何不快乐，只因未读苏东坡”的时候，觉得光是快乐有点肤浅，现在才发现，快乐是大自然的东西，要多多地、无限地接近它。

阳明的弟子曾问过他一个难题：真的很悲伤的时候，还怎么快乐？“乐是心之本体，不知遇大故于哀哭时，此乐还在否？”

阳明说：“须是大哭一番方乐，不哭便不乐矣。虽哭，此心安处即是乐也，本体未尝有动。”

他说，你不哭不舒服，那就哭吧。但你要知道，你将此心安在那里，你的真情和透彻还在不在。不要因为悲伤，连自己的哲理核心理念都推翻了。

我特别喜欢阳明提到“鸢飞鱼跃”时，后面跟着“鸟鸣兽舞，草木欣欣向荣，皆同此乐”。

自然、大地，本就有无穷无尽的快乐能量和资源。我们对生活应该有细致的狂想。身心宁帖，其实需要非常多的智慧。

（二）手舞足蹈

这世上有一种思想的快乐，会自动生成阳明舞。

阳明曾说：“良知是造化的精灵。这些精灵，生天生地，成鬼成帝，皆从此出，真是与物无对。人若复得他完完全全，无少亏欠，自不觉手舞足蹈，不知天地间更有何乐可代。”（《传习录》）

“吾‘良知’二字，自龙场已后，便已不出此意，只是点此二字不出，于学者言，费却多少辞说。今幸见出此意，一语之下，洞见全体，真是痛快，不觉手舞足蹈。学者闻之，亦省却多少寻讨功夫。学问头脑，至此已是说得十分下落，但恐学者不肯直下承当耳。”（钱德洪《刻文录叙说》）

他还说："盖其人欲净尽，天理流行，是以内省不疚，仰不愧，俯不怍，而心广体胖，有不知其手舞足蹈者也。"（《王阳明全集·卷三十一·续编六》）

今之《传习录》所载首卷是也。其自叙云："爱因旧说汩没，始闻先生之教，实骇愕不定，无入头处。其后闻之既久，渐知反身实践，然后始信先生之学为孔门嫡传，舍是皆傍蹊小径，断港绝河矣。如说格物是诚意功夫，明善是诚身功夫，穷理是尽性功夫，道问学是尊德性功夫，博文是约礼功夫，惟精是惟一功夫，诸如此类，皆落落难合。其后思之既久，不觉手舞足蹈。"（《阳明先生年谱》）

以上种种，都有"不觉手舞足蹈"几字。苏东坡是起舞弄清影，阳明先生直接手舞足蹈，这种乐的境地，就是浑然忘我。

现代积极心理学认为，如果一个人对自己的评价和期待是积极的，心是光明的，就是内在有力量，能让人经受住任何考验，达到最高目标。

在任何关系里产生的依赖，哪怕是正向的、健康的，也会不利于形成自己的核心。人应该花更多的时间去发现和建构自己的底层世界，用外部世界的行动和“有”，持续地渗入自己底层的“虚实”“有无”“形势”的盒子和框架里。用外在的“有”养内在的“无”，用外在的“实”应内在的“虚”，用外在的“形”蓄内在的“势”……

我们本来是一个充满艺术底蕴的民族，然而各种束缚人的伦理教义等，让我们变得畏畏缩缩、中规中矩。但回到儒学的源头，音乐曾被认为是人生最重要的享受——礼乐射御书数，乐排在第二位。

其实这就是心和观念问题，改变了性格。很多人说性格是不会改变的，恰恰是因为我们不改变日常的心智和心力。

我最喜欢的是阳明的《杂诗》三首，就跟我喜欢《东坡八首》一样。它们的诞生都跟贬谪有关。

其一：

危栈断我前，猛虎尾我后，倒崖落我左，绝壑临我右。我足复荆榛，雨雪更纷骤，邈然思古人，无闷聊自有。无闷虽足珍，警惕忘尔守。君观真宰意，匪薄亦良厚。

生活中充满荆棘和风雨。从古人的智慧中汲取力量，以无闷、平和的心态面对生活；虽然保持平静的心态很宝贵，但也要时刻保持警惕，自然的主宰往往是寓意深厚的，并非薄情，总会有生路。

其二：

青山清我目，流水静我耳；琴瑟在我御，经书满我几。措足践坦道，悦心有妙理，顽冥非所惩，贤达何靡靡！乾乾怀往训，敢忘惜分晷？悠哉天地内，不知老将至。

青山流水通常是道家的欢喜，古琴和经书才是儒家的标记。措足，一抬脚，《维摩诘经》和《坛经》里写的“随其心净，则佛土净”。《坛经》说得更生动：脚往下使劲一踏，你看着都是荆棘丛生、垃圾遍地；但我把脚一抬，立刻就是光明清净的世界。生活再难，抬脚就能继续。

其三：

羊肠亦坦道，太虚何阴晴？灯窗玩古《易》，欣然获我情。起舞还再拜，圣训垂明明；拜舞讵逾节？顿忘乐所形。敛衽复端坐，玄思窥沉溟。寒根固生意；息灰抱阳精。冲漠际无极，列宿罗青冥。夜深向晦息，始闻风雨声。

所有的相对性、变化都被阳明参透了，学易经的快乐让他起舞，礼拜先圣后又端坐冥想，直至夜深欲睡时，方听到窗外风雨声正浓。夜深向晦息，出自易经六十四卦解第十七卦·随卦，象曰：“泽中有雷，随；君子以向晦入宴息。”

想到那些天启般的理念，不再有迷茫的感觉，阳明就会起舞。

那种获得思维上的突破的极乐，是把自己打通之后才有的光明感。

另外，还有一种是对“曾点舞雩”的心生欢喜，这种欢喜是持久的，不是一时的。儒家说，“兴于诗、立于礼、成于乐”。

乐的一个重要因素是“玩天然之美”。

王国维在《孔子之美育主义》中提出，孔子教人“始于美育，终于美育”：“且孔子之教人，于诗乐外，尤使人玩天然之美。故习礼于树下，言志于农山，游于舞雩，叹于川上，使门弟子言志，独与曾点。点之言曰：’莫春者，春服既成，冠者五六人，童子六七人，浴乎沂，风乎舞雩，咏而归’。”

很多人喜欢曾点，喜欢他的性情自然、与自然充分合一的灵气，喜欢他自得其意，活泼泼的生命。观之生活，让人心悦诚服。真善美，在曾子身上融合了。其他人可能也坚持真善，但心太累、太迷惑，就不美。

你说，王国维用西方哲学家席勒的眼睛评价过孔子，“之人也，之境也，固将磅礴万物以为一，我即宇宙，宇宙即我也”，人融入自然，融入宇宙，有“明、高、大”的综合感（光风霁月不足以喻其明，泰山华岳不足以语其高，南溟渤澥不足以比其大），就像叔本华的“无欲之我”，希尔列尔的“美丽的心”。

其实东西方的话语都是类似的，人类的理想之地的境界，就是无希望、无恐怖、无内界之争斗、无利无害、无人无我。

所以，舞是一种天性和灵性的回归，是快乐之源，能赋予生命力量、勇气和狂喜。

阳明的诗歌里，也有舞。

我弹尔为歌，尔舞我与偕。（《陟湘于迈岳麓是尊仰止先哲因怀友生丽泽兴感伐木寄言二首·其二》）

愿言饰羽仪，共舞箫韶音。（《南溟》）

坎贝尔说，舞者分三类：第一类是那些把舞蹈当成体操的人；第二类是那些通过集中思想，将身体带入所需情感的节奏中，表达记忆中的感觉或体验的人；第三类则是将身体转化为一种发光的流体，听任灵魂的力量摆布的人。每个人的灵魂都是一个马戏团。阳明的舞当属于第三类。

舞是一种循环，是人心的自然动态，是那点灵明在身体上的“自燃”。人要有点飞翔的欲望，有点变形的冲动，舞蹈结合了两者。

（三）活泼泼美学

> 此心自然……自是养得充满，并无馁歉，自是纵横自在，活泼泼地。

解释心的深层奥秘，会产生很多美感。乐、美，本就是水火兼容的，平衡的。苦乐同源，艰苦和欢乐当相似。

我为什么要把乐和美放在一起写，大致是因为如此。

在山林之间猎取美感，美在丰富和错落，经过理学，美变成了形式美，变成了可分析、可解剖的，再回到心的感性里去，需要启动自己原初的自然能量，方能“外师造化，内得心源”。

按照吴冠中所说，抽象美是形式美的核心，人们对形式美和抽象美的喜爱是本能的。所以，哲学的审美是隽永的。

真、善、美是人类社会的理想，这三位一体的典型并不多，美的并不一定是善的。

而心学是天然追求真善美的。

宗白华说，探寻使人的生活成为艺术品似的创造，艺术式的人生才是有价值、有意义的人生。

孟子也探讨过人生发展四部曲。“可欲之为善，有诸己之为信，充实之为美，充实而光辉之大，大而化之为圣，圣而不可知为神。”

大意就是，每个人活着就先发一个善念、好念，然后努力去行动，做一个自己喜欢的自己，充实并扩大自己的影响力，发光发热，大而化之。这样的话，大师、圣人、神仙，就产生了。我们不求做圣人神仙，但是至少有好念头，做自己喜欢的自己，要是还能扩大自己的影响力，就更不错了。

阳明直接变成“美大圣神”，提出用善念、正念做自己就是美。

在这个理论上，阳明说："只念念要存天理，即是立志。能不忘乎此，久则自然心中凝聚，犹道家所谓结圣胎也。此天理之念常存，驯至于美大圣神，亦只从此一念存养扩充去耳。"（《传习录》）

"尽善尽美"，这个独具中国特色的美学概念语出《论语·八佾》："子谓《韶》：'尽美矣，又尽善也。'谓《武》：'尽美矣，未尽善也。'"

人生就是存养扩充，真善美就是良知之综合美，正如孔子说的"里仁为美"。所有有利于心的探索的，都能集成起来。自然，正的、好的东西能成就一股力量，还能吸收时空里所有相应的能量。

由孔子的仁学看来，《韶》舞由于表现了尧、舜以德受禅，是"尽美"又"尽善"的，善与美达到了合一的程度；而《武》舞表现武王以征伐而取天下，乐、舞虽然在形式上达到了美的完善，但在道德内涵上却是"未尽善"的，因而它的善与美是内外割裂的。

关于《韶》和《武》，阳明也有专门的论述——

阳明先生说："古乐不作久矣。今之戏子，尚与古乐意思相近。"未达，请问。先生曰："《韶》之九成，便是舜的一本戏子。《武》之九变，便是武王的一本戏子。圣人一生实事，俱播在乐中。所以有德者闻之，便知他尽善尽美与尽美未尽善处。若后世作乐，只是做些词调，于民俗风化绝无关涉，何以化民善俗？今要民俗反朴还淳，取今之戏子，将妖淫词调俱去了，只取忠臣孝子故事，使愚俗百姓人人易晓，无意中感激他良知起来，却于风化有益。然后古乐渐次可复矣。"（《传习录（下）》）

李泽厚、刘纲纪先生说："在中国美学中，达到了善的最高境界，也就是在最根本和最广大的意义上达到了美的境界。"

最美的状态是通体明亮、清澈明朗的"心"。

在《答陆原静书》中，陆问："质美者明得尽，渣滓便浑化。如何谓'明得尽'？如何而能'便浑化'？"阳明回答："良知本来自明。气质不美者，渣滓多，障蔽厚，不易开明。质美者渣滓原少，无多障蔽，略加致知之功，此良知便自莹彻，些少渣滓如汤中浮雪，如何能作障蔽？"

心体本身就是明，就是渣滓少、障蔽少，良知是天植灵根。

他在诗歌中赞美过一个在世的“质美之人”——叫“白浦先生”。

> 《白湾六章》宗岩文先生居白浦之湾，四方学者称曰白浦先生，而不敢以姓字。某素高先生，又辱为之僚，因为书“白湾”二字，并诗以咏之。“浦之湾，其白漫漫。彼美君子，在水之盘。湾之浦，其白弥弥。彼美君子，在水之涘。云之溶溶，于湾之湄。君子于处，民以为期。云之油油，于湾之委。君子于兴，施及四海。白湾之渚，于游以处。彼美君子兮，可以容与。白湾之洋，于濯以湘。彼美君子兮，可以徜徉。”

正德年初，因宦官刘瑾擅权而致仕，居白湾（今京津地区北运河一带），故号“白浦先生”。

可见，王阳明的美学是“仁、诚、乐”相叠加的境界的组合，体现出来的是有温度的、直接的、活泼泼的精神资源。

“心之安处，才是良知”，心安处就是《大学》所谓的“自慊”。“万物静观皆自得”，是一种通过审美观照获得道德品格的方式。

它是一种活脱脱的精神境界和精神气象：“此心自然……自是养得充满，并无馁歉，自是纵横自在，活泼泼地。”

这种精神境界和精神气象是阳明美学的灵魂——呈现生命价值的人文精神。

杜维明曾说，二十一世纪是阳明的世纪（杜维明先生在1988年荣选为美国人文社科院首位华人哲学院士），就是强调人文精神的复兴，强调心学美学，自然可以引领：“这种人文精神，如果引用陆象山的话说，是种’十字打开’的人文精神，既有纵向又能横向，互相交汇所造成。”

在牟宗三先生看来，这是生命的“往上翻”，是对人的内在精神和心灵的升华。对心灵境界的追求也正体现出阳明美学对人生终极价值的关怀。

阳明还发明了美学意义上的“随地乐”：

江日熙熙春睡醒，江云飞尽楚山青。闲观物态皆生意，静悟天机入窅冥。道在险夷随地乐，心忘鱼鸟自流形。未须更觅羲唐事，一曲沧浪击壤听。（《睡起写怀》）

只有心体中和，才能有此澄明虚静的审美心态，也才可能去“闲观物态”，进而达到“随地乐”的境界。

还有“自得之美”：

凡授书不在徒多，但贵精熟。量其资禀，能二百字者，止可授以一百字。常使精神力量有余，则无厌苦之患，而有自得之美。讽诵之际，务令专心一志，口诵心惟，字字句句，绎反复，抑扬其音节，宽虚其心意。久则义礼浃洽，聪明日开矣。（《传习录》）

他不在乎徒弟多不多，只在意学生学习是否精熟。若是有200％的能力，教他100％，让他的精神力量有空间，就不会厌烦，有自得之美。

还有一种叫“洒落的醉忘”，想做就做——

年谱里记载，先生以刑部主事告病归越，养病期间，游牛峰山，“一坐即三日”，“醉眠三日”。想退隐的时候，他就退隐了。想不明白的时候，他入山也就入山了，醉了也就醉了。什么是深度内耗？就是啥事都不敢做，只敢想。阳明是想了就做了，跟我们现在的说走就走、晕哪是哪，其实差不多，人生难得糊涂。

《夜雨山翁家偶书》后四句写着：“洗盏对酬酢，浩歌入苍茫。醉拂岩石卧，言归遂相忘。”他遇到一个老翁，就可以一起喝酒。阳明的内心是平等的，无分别心的，这样自得其乐的可能性就更大。生命是敞开的，他能够意识到的东西，自然比别人多。

> 十年尘海劳魂梦，此日重来眼倍清。好景恨无苏老笔，乞归徒有贺公情。白凫飞处青林晚，翠壁明边返照晴。烂醉湖云宿湖寺，不知山月堕江城。掩映红妆莫谩猜，隔林知是藕花开。共君醉卧不须到，自有香风拂面来。（《西湖醉中漫书二首》）

在西湖，他自然想到了苏东坡、贺知章等等，于是在那里醉书，书写胸怀。即便是到了龙场，他还会喝一点酒。《初至龙场无所止结草庵居之》：“污樽映瓦豆，尽醉知夕。

缅怀黄唐化，略称茅茨迹。”

美不是装饰，而是动力。收放自如，收敛才见力量。不要内卷内耗，要内敛。

（四）乐育美育

唱吧，跳吧，开怀、开心吧。那也是心学。

对于儿童教育，他觉得音乐是少不了的：

今教童子，惟当以孝、弟、忠、信、礼、义、廉、耻为专务。其栽培涵养之方，则宜诱之歌诗以发其志意，导之习礼以肃其威仪，讽之读书以开其知觉。

大抵童子之情，乐嬉游而惮拘检，如草木之始萌芽，舒畅之则条达，摧挠之则衰痿。今教童子，必使其趋向鼓舞，中心喜悦，则其进自不能已。

故凡诱之歌诗者，非但发其志意而已，亦以泄其跳号呼啸于歌，宣其幽抑结滞于音节也；……凡此皆所以顺导其志意；调理其性情，潜消其鄙吝，默化其粗顽，日使之渐于礼义而不苦其难，入于中和而不知其故。

凡歌诗，须要整容定气，清朗其声音，均审其节调；毋躁而急，毋荡而嚣，毋馁而慑。久则精神宣畅，心气和平矣。……凡习礼歌诗之数，皆所以常存童子之心，使其乐习不倦，而无暇及于邪僻。教者如此，则知所施矣。虽然，此其大略也；神而明之，则存乎其人。（《传习录》）

他对儿童的诗歌有非常明确的指导。精神宣畅、心气和平是需要从小培养的。诗歌跟志向有关，也可以排解自己的忧愁、抒发自己的高亢，那么多情感资源不去引导，实在是浪费。

教孩子要顺应他们喜欢玩闹的天性，让他们内心喜悦。

是音乐教育，也是快乐教育。

气质教育、声音教育、韵律教育、性情教育，其实都包含在音乐之中。

常存童子之心，其实也是养心。因为童子心是乐此不疲的，也是心力最持久的。

阳明的美育观，是“大抵童子之情，乐西游而惮拘检，如草木之始萌芽，舒畅之则条达，摧挠之则衰微”。

自阳明之后，讲学成为儒家知识人重要的日常生活内容和参与社会的主要方式。如果这样的音乐性情课能够在现代开发，该多好。

美育就是人生修养本身。王阳明认为美育境界要先做到“真洒落”。

有心，就是精微、敬畏；
无心，就是洒落、超越；
有我之乐，就是与万物为一体；
无我之乐，就是情顺万事而无情；

非我，也非无我，则是不滞留，真乐自现。

这样，个性可以高扬，也自有明智之处。

阳明心学影响了同样是绍兴人的蔡元培，他在20世纪初标举“美育代宗教”。

我研究阳明最大的感受是：若是生活中各行各业的人，所有有心有源的人，能够在自己的生命里绽放个性和美学，或许可以把自己的事业和产业再做一遍，给生活多一点希望和活力。

我问了几个孩子，多活几天和拥有花不完的钱只能活一天选哪个，他们都说选生命。一〇后、一五后的孩子们，也更重视生命本身。

如何真快乐？

我们现代人是很容易找到简单的快乐的，最快乐的事反倒很难找。我有一些感受与你分享：

第一，研究自己心的体验感如何自我增强，多创造、多发光，内在感觉应该精细琢磨修炼。天下万物的能量和方法，最好都能为我取用。

我怎么有能力去取用？只有把心空出来，往下深挖才能接近自己的底层，嘿嘿昧昧（韬光养晦），其光必远。人一旦深刻了，自会发光。无论怎样，做人都应当发点光，说不定能够影响谁，点亮谁的路。

第二，“净其炁海”和“临崖一跳”，把自己的感觉系统全部刷新一遍。关机后重启，也不失为一种方法。静坐就是一个很好的关机方法，十五至二十分钟就可以。“净其炁海”

是道家古老的修炼方法。

另外一种方式是把自己处于极限、临界的考验之中，“临崖一跳”是禅宗的修炼方法，或者像王阳明一样置身入石棺，直面生死。训练自己的感知艺术，从最困难的事情里找智慧和灵感，注重每分每秒的生命质量，自得生命质量的快乐。

第三，打打拳，射射箭，上上“战场”，练练气和胆量。胆量也是心力的支撑，我们需要充分开发身体的潜能。王阳明的形意拳练得厉害，老年时他就像鹤一样。阳明身形削瘦，又有肺病，动作也像鹤，所以他打形意拳时，往往从打猴拳开始，以打鹤拳结束。

一个人身上总有几股气，灵气、杀气、心气、义气……，人要依靠一些方法自己练气，不要让自己老是泄气、生气，更要多练胆子和气量。人不泄气，才能获得更持久的快乐。

第四，不按常理出牌，给自己一些反常规的操作体验，有实验心态，要活得有趣，有多视角，能经营好多侧面的生活。能拥有经得起考验和反复验证的自创理论和哲学的快乐，这种人是非常稀少的。

第五，有事没事都能真快乐的人，其实就是贤人了。王阳明说，胜得容易，便是大贤。有时候很容易找到快乐的人，可能跟道也比较接近吧。

如果不快乐，大抵就是离规律和道都远，就得找找生命系统的问题出在哪里。

稳当快乐，就是阳明的追求点，能觉知就能常快乐。

九

致

致序

我特意把“致”拎出来说，是因为我觉得这才是阳明心学的心力和能量中心，对现代人也最有用。

致本来就有五重含义：

第一重是送达，《说文》里写，致，送诣也；

第二重是招来；

第三重是意态，情趣；

第四是周密，静谧；

第五是至。

简单理解，王阳明的“致”，是“至”与“实行”的综合，是“扩充—至极—实行”，它是一种能量的运行方式。你所发心的力和能量，都会存在于时空之中，历史证明它久久为功，久久不散。

在不同时期的儒学里，明明德（《中庸》）—扩充（孟子）—大其心（张载）—致良知（王阳明），其实都是某种到达和实现某个理想的人格。

从“明”到“致”，就是一种更好地呈现和显示，人必须在这个世界上充分地训练自己，磨去心垢，镜子才能明亮，你才能保持自己的明和能。

其实这些都是内心“科学”的激发，并不虚无，给自己找一个持久的通道，建立稳固的跟自己交流的机制，这很重要。大家都可以让自己活成一种切切实实的、内外一致的“存在”。

我这本书写水哲学和火哲学的结合，水哲学是源头哲学，火哲学是合成自我的核心哲学。致，既是源，也是能。这种呈现和显示，就是“渗透力＋燃烧力”，而生命力才是我们活在这世上最确定的力量。

我们要在与经济社会同等重要的内心世界里寻找价值，在高峰处点燃生命，又流泻到普通日常中。

致是一种极致的能动性，它的过程是去掉阻碍，去掉所有影响能动性发挥的阻碍。

致是一种彻底的去蔽。这是苏东坡和王阳明都在追求的方向，把清澈明亮的“无”心还原给自己。

阳明的描述是：

良知像水，也像火，势不可挡，“沛然若决江河而有所不可御者矣”，“沛然若绝江河而放诸海”，“良知更无障碍，得以充塞流行”……

流动是水的本性，充塞是火和气的本性，火的光明心体注定了火拥有光芒，这样能够显出、透露出、揭开隐藏的东西。

《与钱德洪王汝中》中言：“吾道之昌，真有火然泉达之机矣。”

让内蕴于每个人心中的东西在现实中大放光明。

（一）火然泉达

《与钱德洪王汝中》中言："吾道之昌，真有火然泉达之机矣。"

《赠周莹归省记》中言："《与钱德洪王汝中》中所言：'吾道之昌，真有火然泉达之机矣。'"

当我发现这个词的时候，就知道心学里藏着我们需要的开关、源泉和能量。你用什么样的底层思维去看，它都能找出来你想要的东西。

因为在我认为心学是水哲学和火哲学的结合的时候，还没发现这个词。心学的丰富性和多面性就在这里，你看到的、发现的，都是你内心的投射。

“火然泉达”出自《孟子·公孙丑上》，其字面意思是火开始燃烧时和泉水开始流动时的样子，比喻形势发展迅猛。

火开始燃烧，水开始流动，不就是一念起，就是行吗？

我是绍兴人，以前不怎么回故乡，总是站在比较疏离的位置回望它，才发现那里之所以能诞生王阳明的四句教，着实意味深长。我们终究是要通过自己在天地之间的这具肉身来诚实而详尽地表达“当下”的意义。

古人总是会告诉我们，靠诚，靠德性，可以抵达“美好的日子万古长”，所有的苦难纠葛终将化解掉，智慧就是忘。

但忘并不适合所有人，大部分人都要在这个世间身心负重地前行。做真事、实事，是一种光的抵达，抵达需要付出巨大的代价，付出才能让自己的核心和底层逻辑变得坚实。

人是人，不是神。人才真实，真实才可以去一照而见自己。

阳明在《与王纯甫》里说：

譬之金之在冶，经烈焰，受钳锤，当此之时，为金者甚苦；然自他人视之，方喜金之益精炼，而惟恐火力锤煅之不至。既其出冶，金亦自喜其挫折锻炼之有成矣。某平日亦每有傲视行辈、轻忽世故之心，后虽稍知惩创，亦惟支持抵塞于外而已。及谪贵州三年，百难备尝，然后能有所见，始信孟氏“生于忧患”之言非欺我也。

汤火荆棘之后，自然有相应的哲学观。自己的核心要由自己锻造。

你的心要燃烧，你的能量要渗透。水和火的力量最好的结合，莫过于阳明心学。我发现了这心能源，感觉到内心富足。

孟子的哲学里也隐含了水和火。扩充的基础是存在，存在就是人心的“四端”，所谓“恻隐之心，仁之端也；羞恶之心，义之端也；辞让之心，礼之端也；是非之心，智之端也。”

就像未燃之火、未燎原的星星、未达之泉，然后他的性善论、仁义论、仁政说，全是围绕着“四端说”进行的，这是孟子的成熟、孟子的核心。

在与告子辩论时，孟子的“四端”说尚未形成。“四端”说形成的下限约为孟子第二次抵达齐国的齐宣王二年（公元前318年），孟子（约前372年—前289年）提出该学说的时候，刚好三十岁左右。

而立，其实是核心立、核心思想立。

孟子的良知良能相加，是王阳明的良知。良知良能，会像火和泉一样流动出去。

流动的过程，其实《中庸》里早就写好了。“其次致曲。曲能有诚，诚则形，形则著，著则明，明则动，动则变，变则化；唯天下至诚为能化。”

曲—诚—形—著—明—动—变—化，八字诀。

生活潺潺流动，波上有光，晶莹剔透。

（二）能源由己

有能、源者由己，无能、源者从物。

你能不能按照自己的想法好好活着？

你能不能进化自己的想法和理念？

致就是一种能。它具有火性也有水性。火的能量是点燃和合成，水的能量是冲破和奔流。生命力有燃点，有冲突感，至中行，行中再至，螺旋上升。

致也是一种体验。随物赋形，随处启发，随处指点，随处体认、灵感、错觉、感情、感觉、联想、提炼、想象、醇化、升华，生命内在的动作是如此丰富多彩，被语言描述过的，都是人们体悟过达成的共识。

阳明始终在强调，“实体工夫体验”，而不是混融凑泊，不是敷衍自己，更不是为难自己。“若此者，皆是就文义上解释牵附，以求混融凑泊，而不曾就自己实工夫上体验，是以论之愈精，而去之愈远。”（《传习录》）

“博览洽闻以为学，而究其实得，往往狃于见闻而无所体验。”真正的体验是“体来”，是用身，有体感；而“听讲”，是启用理性去接收别人的体感，类似释家的声闻和缘觉，类似庄子的闻道和体道。儒释道集成之妙，可见一斑。

一定要“就自己实工夫上体验”，也就是亲自去行动，在行动中感会良知。泰戈尔也说，人生要亲证。悲喜剧不在眼前上演，不在自己身上上演，想要理解终究隔着一层。

海德格尔说，美学把艺术作品当作一个对象，而且把它当作感知的对象，即广义上的感性知觉的对象。所以王阳明的心学体验，也是一种美学。

致也是回归源头，是出走后的回归。人要保持一种出走感，而不是就此安定，那是一种远距离的观看。现代哲学可能起源于乡愁，尼采说写作来自无家可归，来自那些不可返回、不可抵达的疼痛。

致承载着前人实现抵达的真实愿景。前人做到过，我们便有了模仿进而突破的动力。

前人说，心就是那个源头。你应找回故乡，找回精神原乡，找回自己，找回心。

我们到底该如何找到突破口，如何在巨人肩膀上收敛创新、臻于集大成？即便到达不了，也要有这种愿望和冲力。我们到底该如何避免无聊无趣、刻板死板？唯有回到源头上去，并且有一念起的发心。

王阳明就是回到了古本大学里，拨开纷繁复杂的理论体系，找到了新的出口和创新能量。

我们要回到自己的初心和童心里去，有自己的信念感、信仰感和效能感。

阳明说："宅老数承远来，重以嘉贶，相念之厚，愧何以堪！令兄又辱书惠，礼恭而意笃，意家庭旦夕之论，必于此学有相发明者，是以波及于仆。喜幸之余，愧何以堪！别后工夫，无因一扣，如书中所云，大略知之。'用力习熟，然后居山'之说，昔人尝有此，然亦须得其源。吾辈通患，正如池面浮萍，随开随蔽。未论江海，但在活水，浮萍即不能蔽。何者？活水有源，池水无源；有源者由己，无源者从物。故凡不息者有源，作辍者皆无源故耳。”（《王阳明全集·卷四·文录一》）

所谓“活水有源，池水无源；有源者由己，无源者从物”，自己有那颗璀璨的试炼过的心，才是有源人。

致也是一种减法，为道日损而入心。因为儒学体系过于庞杂，难以入心，所以阳明说：“吾辈用功只求日减，不求日增。减得一分人欲，便是复得一分天理。何等轻快脱洒！何等简易！”

致不是主客关系，也不是主客观关系，而是并行关系。水火不容，但水火可以并行。这是一种修行、修习、修炼方式，我进入对方，而不是我征服、控制对方。这个过程充满冲突也充满启示，必须去遮蔽、去掩盖。

这里还有一个雌雄同体的概念。女人是水，男人是火，但其实，每个人都要拥有独立的精神世界，每个人都要兼容矛盾和对立。万物本浑然一体，我们的心不能自我分裂。

有能有源的人，往往心力强大。如果人的内心有一股强烈的信念，相信自己一定能做成这件事，那么无论遇到什么困境，都能不气馁、不妥协，积极寻求办法，直到做成。

阳明训物为事，处理的社会领域纷纭复杂，恰当的处理这些事，必须寻找事的本源。这就是他的思维方式。

只有做了，做得入心了，才会发现你曾经有过的感觉都是相似的。你创造的时候，那个入口、那个途径、那个持久的通道，一直在。

（三）拔本塞源

拔塞的，其实跟私欲等思想无关，而是重新回到生命的源动力里去。反思的生活，也是热烈、热闹的。

“拔本塞源”其实是王阳明在越讲学时提出的主张，那一年他已经五十四岁了。

所谓“拔本塞源”，指的是拔除树木的根、堵住水流的源头，以喻防患除害要从最根本处下手。

“克其私，去其蔽”，以复人心天地万物一体之仁。

拔本塞源，克私去蔽。人应该直面最核心、最主要的矛盾，一心纯粹，无碍直入。源头思维是说在自己不知道该怎么办的时候，就回到本心最自然的源头去。

王阳明的《拔本塞源论》，原为其《答顾东桥书》的最后一节，载于《传习录》中卷。《年谱》里写，嘉靖四年九月下“答顾东桥璘书有曰”，即这一对答发生于1525年。

“拔本塞源”一词最早见于《左传·昭公九年》。俗语云“水有源、树有根”，理学认为，拔本塞源就是强调拔除这些思想的根基，堵塞这些私欲思想的源头。但阳明认为，要做到极致，就是诉诸真正的、没有受到曲解的“圣人之学”。因为把人变成畸形的，可能正是“真理”。

“相矜以知，相轧以势，相争以利，相高以技能，相取以声誉。”（《传习录》）功利之毒横行，内心空间的扭曲无处不在。

在阳明看来，恢复本心是如此重要，而恢复的方法就是往底层和终极走。

弟子薛侃在《请从祀疏》说，即举所著拔本塞源一论，开示人心，犹为明切。

（四）上传下达

阳光就是火，水就是水，空气是一种虚空，随时随地清空自己，随时随地面向未知的虚无，保持敬畏和真诚。

王阳明说："知致则意诚。"你知道你终将抵达你想去的地方，意若诚，则心可正，心若正，则力可大、可坚、可久。心力可以调动体力。

又说："工夫难处，全在格物致知上，此即诚意之事。意既诚，大段心亦自正，身亦自修。但正心修身工夫，亦各有用力处，修身是已发边，正心是未发边。心正则中，身修则和。"（《传习录》）

人只有精进，才能更好地维持内心的安静平和。

如何尽心？它有一个"管道"，叫"上达、下传"。

目可见，口可言，心可思，都是"下学"；

看不见，听不见，说不出来，思不出来的，都是"上达"。

生命，就是有无之间的全然包容。

人要灌溉自己的树木，然后等待日夜之所息，条达畅茂，就是上达了。其实人所用的力量和能量可以充分转化成行动和语言的，都是下学。

阳明说："持志如心痛，一心只在心痛上。"没有任何的工夫去说闲话，管闲事。找到自己的源头，找到自己的能量，在本源上投注自己能够投注的东西，渐渐"盈科而进"。

心力这件事，就是个训练，你知道你必然见到"精微"，就会用力省察克治，而一切观点和发现都会源源不断出现。

人呢，当你在乎的是"纯乎天理"而不是才力的时候，在乎通达性而不是交换价值的时候，自己就是自己的主旨，你自己就是有内置定海神针的澎湃大海。蛮力巧力不如内核常力。

阳明说："不务去天理上着工夫，徒弊精竭力，从册子上钻研，名物上考索，形迹上比拟，知识愈广而人欲愈滋，才力愈多而天理愈蔽。正如见人有万镒精金，不务锻炼成色，求无愧于彼之精纯，而乃妄希分两，务同彼之万镒，锡、铅、铜、铁杂然而投，分两愈增而成色愈下，既其梢末，无复有金矣。"

你炼金，就锻炼出好的成色，精纯一点，不要因为追求分量，而加入太多其他金属。

水是能够上下贯通的，推动它的是一股太阳一样的火和气。阳光、空气、水，共同构成了水的运行。阳光就是火，水就是水，空气是一种虚空，随时随地清空自己，随时随地面向未知的虚无，保持敬畏和真诚。

如何抵达，如何重生？

漂泊也好，英雄之旅也好，总之出走是必然的。尼采说，写作来自无家可归。我也突然明白为什么我这几年，只要回到家乡，就能获得一种创作上的新能量。因为我学会了接纳和允许。

一个内心有故乡的人，气场和气质会不一样。人要感恩自己的出生，即便是再破碎荒凉的出生背景，也值得被好好尊重，因为那是你用正念尊重和看待自己的源头。

我觉得这是历经世事变迁之后的每个人的必修课，通过了这一课，或许才能够真的通透，或许就知道你自己的内心力量到底藏在哪里。你是你自己的依靠，你的行事风格也会变得扎实，人也会镇定自若，邪气入不了身。中年以后，能量比能力更重要。人生有核有框架，才能有能量的可持续性。

我，无我，非我，非无我，乡，非乡。永远有新的可能性。克服最难克服的部分，原谅一切毫无缘由的轻易分别。人生的必经之路上，要回过头去有所修复、有所种植、有所挖掘。

一个诚实的人，可以悠然地述说这一生。

痛苦就是光的不可抵达。

阳明死在返乡的小船上。他五十六岁从绍兴出发去广西平叛前的最后一晚说出的四句教，就是他的返乡，他的抵达。

他在水深火热中磨炼过的东西，可以“火然泉达”，效率效能都很高，抵达已然实现。

至于返乡，他从不懦弱，充满怀疑精神，还有拔本塞源的心力，所以，他早就回去了。

我们也可以吧。

此心光明，我们允许、接纳、照亮一切，其实也有一个新的底层逻辑，就是不滞留、清空，好的，坏的，过去了就过去了。任何时候终结点来了，你只要知道还至本处就可以了。归位初心。

你知道你的来处和去处，就知道你随时都有家，有个歇点，有个回光之处，有个初心所在地。所以你不惧不忧，你归和还的次数修炼很多了，熟悉了。

“此心安处是吾乡。”（《定风波·南海归赠王定国侍人寓娘》）苏东坡四十八岁的时候，写了这句。

“身心安处为吾土。”（《吾土》）白居易在大概五十九岁的时候写了这句。

“远愧尚方曾赐履，竟非吾土倦登楼。”（《长沙送李十一》）杜甫五十九岁写的。

“境多奇绝非吾土，时可淹留是谪官。”（《七盘》）王阳明 1507 年贬谪贵州龙场时写的。

马修·阿德诺说：“发现一个人的自我，到达它，忠实于它，是多么困难。表面清浅轻柔，我们说我们感觉到了，水流光亮，我们以为我们感觉到了，可在他的下面，涌动着无声的流，强劲幽深，这爱是我们感觉到的干流。”

席勒说：人们也许会说，任何一个人，就其禀赋和使命而言，自身就带有他的理想，这是人的范型，他一生的使命就是不管经历多少风雨都始终复合这一统一不变的理想。

跨越很多不可能，跨越所有不是你的，你就回到自己了。

致自己！

十日

日序

你好呀，之所以把“日”放在最后一个，是因为无论白天黑夜、山林海洋、阴晴不定，它一直在陪我们行走。

无论我们经历过什么，太阳总会出来，它比我们的生命长太多了，它就是永恒。有些东西是不用描述的，就像太阳。

阳明说：“然良知之在人心，则万古如一日。苟顺吾心之良知以致之，则所谓不知足而为屦，我知其不为蒉矣。”（《王阳明全集·卷六·文录三》）

“不知足而为屦，我知其不为蒉也”（《孟子·告子上》），说明一切事物都有它的本质本源。

传统的秩序里，一定会出现太阳，一定会出现天道轮回；古老的神话、童话里，结局里都过着幸福快乐的日子，苦难都会被化解掉。

后来，人们发现并非全是这样。连王阳明这样的圣人都只能在理论上、系统上得到完满，肉身的痛苦感以及达不到是那么真实，但这不妨碍他依然像个太阳。所以，他给了我们一种不圆满的无尽希望。“心不息，则万古如一日；心不息，则万人如一人。”（《王阳明全集·卷四十·旧本未刊祭文传记序跋补编》）

想要拥有光明，是一件水深火热的事情，追求理想和太阳，是要跟黑暗做过最激烈的斗争的。

照亮你的地方一定会有阴影，除非你融化在光明里，把“我”去掉，已经不用在内心相互对峙，赞美和批判。

其实你一直知道如何融化自己的黑暗，起心动念相信光明的那一刻，黑暗就全然消逝了，就像走进了坦途，太阳升起了。即便太阳暂时落下，你的心也能自带光明。

“夜里，可以，黑暗，不行。如果没有太阳，就得创造一个。”你说，你想起了《悲惨世界》。

他经过最深的黑夜，偷一块面包就被判了十七年，内心经常有相互争论的陪审团，却被一个像太阳一样的神父感染。然后他隐姓埋名，当上市长。人与人深重的纠缠，就是逼着你去直面自己的曾经，光照着你，你和你黑暗的影子交谈……重要的是直面人生中最深刻的课题和矛盾，最后，在挣扎、对峙之下，都奔向光明。就连抓他用法律惩罚他的沙威，都看见在黑暗中升起一个可怕的、生疏的道义的太阳……

你说你看经典的人性底层的著作，都像在看王阳明的心学。

王阳明在理论上的自洽是，无有之间的这种创造，加入了行知这个具体的通途，水火交融，不断破立（破心中贼，立心中功）。

立德立言立功，有意教，有政教，有言教。

把光明和黑暗的对话，把光中自我和暗中自我的对话，变成在有无之中穿梭的辩证艺术。心力心智自由，此心光明。

至少在自己内心这个层面，它可以回到无之心体，彻底顿悟光明。黑暗的力量有多强大，光明的力量一定也同等强大。

成为最深刻而认真的自己，做深刻而认真的事，生命就如火般燃烧过了，也能滋润到人心去。

我有时候想着生命的样子，想着苏东坡的世界，他是热爱土壤的，雨落归天，水润万物，反者道之动弱者道之用，他的心水系丰富，流动无限。他个人生命创新很多，但弟子不多，不过个个都是天才精华。

心首先是火，除了“无心”的创生和纯粹之外，还有光明，阳明发挥了火似的光明这一项。点燃自己，让自己形成了理论、哲学体系，火生成了土，让水可以流经和滋润的地方更多。

阳明弟子三千，士农工商都不轻怠，人群的影响力更大，“美大圣神”，加入了更多可能性。每个人都有那颗光明内核，每个人都可以成为他自己。

我们刚说完美，说完致，良知是光明，它是美的根源和源泉，致就是去遮蔽，让光明散发出来。

最美的那个世界，阳明形容过，那叫羲皇世界，就是最光明的世界，高古上古的自然世界。

超越，也是回归。

徐阶《王文成公全书序》曾说：

> 隐也者，其精微之蕴于心者也，体也；显也者，其光华之著于外者也，用也；小也者，其用之散而为川流者也；大也者，其体之敛而为敦化者也。譬之天然不已之妙，默运于於穆之中，而日月星辰之丽，四时之行，百物之生，灿然呈露而不可掩，是道之全也。

光明在外，是用；光明在内，是体。通体都是光明。

此日，也是一天。我非常相信一天的力量。不知道为什么，我总觉得每一天都充满着不确定性的刺痛和神奇。所以，我很小的时候，就让心运转于一天之内，尽情体会“朝生暮死”的淋漓感、完成感，让自己觉得真正的安定从容。我从十二岁开始就有这样明确的意识。

这团小火，也让我始终有方法找到哲人思想的同在感、穿越感。

（一）一日五世界

阳明说，每一天，都在古今中外穿越，好奇妙啊。我们的心就拥有这样的力量。

阳明说："人一日间，古今世界都经过一番，只是人不见耳。夜气清明时，无视无听，无思无作，淡然平怀，就是羲皇世界。平旦时，神清气朗，雍雍穆穆，就是尧、舜世界。日中以前，礼仪交会，气象秩然，就是三代世界。日中以后，神气渐昏，往来杂扰，就是春秋、战国世界。渐渐昏夜，万物寝息，景象寂寥，就是人消物尽世界。学者信得良知过，不为气所乱，便常做个羲皇已上人。"（《传习录》）

一天之内，世界也会随着主观世界的变化而呈现不同的世界：

夜气清明时。无视无听，无思无作，淡然平怀，就是羲皇世界。羲皇就是伏羲氏存在的上古，高古世界。

平旦时。神清气朗，雍雍穆穆，就是尧、舜世界。

日中以前。礼仪交会，气象秩然，就是三代世界，夏商周。

日中以后。神气渐昏，往来杂扰，就是春秋、战国世界。

渐渐昏夜。万物寝息，景象寂寥，就是人消物尽世界。

阳明说，如果信良知，气不乱，则一天就可以在上古人的清新淡然光明的世界里。

羲皇世界是最好的世界。问："世道日降，太古时气象如何复见得?"先生曰："一日便是一元。人平旦时起坐，未与物接，此心清明景象，便如在伏羲时游一般。"

恬静闲适，优游自在。一元世界，纯净，没有撕裂感。

运用内心的力量，有时候是顺应的，有时候是点燃摆动的，你的底层秩序是你的意识建立的，也是你的行动建立的。一个是从虚到虚，另一个是从实到虚，底层秩序里融合了有无、虚实、形势等。

先生曰："羲、黄之世，其事阔疏，传之者鲜矣。此亦可以想见。其时全是淳庞朴素，略无文采的气象。此便是太古之治，非后世可及。"

我想阳明从龙场悟道的时刻，大概就是夜气清明时，所以，他觉得那样的时刻太适合深刻、收敛、凝造了。他就是在潜意识里，接近那个高古、上古世界了。

我们每一天都应该提炼这样的时刻，找到自己最好状态的时刻。

无论遇到什么，至少在这个时段里，我们是真善美的。

自身经验是最真实的，发现自我清澈明朗的时候，去保存进入它的方式和路径。

（二）日用心

体究践履，实地用功，是多少次第、多少积累在。（《传习录》）

“区区格、致、诚、正之说，是就学者本心日用事为间，体究践履，实地用功，是多少次第、多少积累在，正与空虚顿悟之说相反。”（《传习录》）

日用功夫只是立志。日用心学，人会自然养成自己的世界，自己的核心和热望。很多人找不到自己的热爱，每一天都会想起、惦记起的，一定是爱的，那是连接初心的简单方法。每一天，拥有真切的志，自己最信的源头，会活出生命力。

阳明说：“大抵吾人为学紧要大头脑，只是立志，所谓困忘之病，亦只是志欠真切。今好色之人未尝病于困忘，只是一真切耳。自家痛痒，自家须会知得，自家须会搔摩得。既自知得痛痒，自家须不能不搔摩得。佛家谓之‘方便法门’，须是自家调停斟酌，他人总难与力，亦更无别法可设也。”

心力到底是什么？按照阳明的观点，首先是立志很真切，就没有困顿和遗忘，另外自己的痛痒，自己去“搔摩得”，因为真切地了解自己，所以，投入巨大的时间精力，去形成自己的完整认知和行动感。

自己要有“调停斟酌”的通用法。人，孤独、自在、利他，方可行自己的持久的路，其间，要懂自己，有自己的节奏、步骤、方法、技巧、行止等等。

我一天读一本书，就是“调停斟酌”的通用法，“体究践履，实地用功，是多少次第、多少积累在”（《传习录》）。每天积累一点写作势能，转石于千仞之山，读完多少书，都会在潜意识里保存，等待某一天写书的时候，有高山坠石的力量，或是忍耐成一种消化过的记忆，于某个不经意间的羲皇时刻，变成诗文里的第一个字。这就是写作势能。

熹哀苦之余，无他外诱，日用之间，痛自敛饬，乃知敬字之功亲切要妙乃如此。而前日不知于此用力，徒以口耳浪费光阴，人欲横流，天理几灭。今而思之，怛然震悚，盖不知所以措其躬也。（《答林择之》）

阳明说，自己可以给自己疗伤，痊愈，就是一个敬字。在人间，过去、现在、未来，受伤在所难免，自愈能力倒是可以越来越强的。

阳明强调：“先认圣人气象”，昔人尝有是言矣，然亦欠有头脑。圣人气象自是圣人的，我从何处识认？若不就自己良知上真切体认，如以无星之称而权轻重，未开之镜而照妍媸，真所谓以小人之腹而度君子之心矣。圣人气象何由认得？自己良知原与圣人一般，若体认得自己良知明白，即圣人气象不在圣人而在我矣。

不必权衡利益，不必害怕或轻易下定论，自己的心，其实知道自己信不信、爱不爱、懂不懂，心学是内心的气象学。

我对于集大成者、百科全书派的研究热情一直是很高的，因为我觉得要在纷繁复杂的知识体系里，在人工智能如此发达的当下，形成自己的核心思想和万有应用，需要极大的能量和心力。他们代表了“人类能量库”，没有心力的时候，去看看，去汲取一点，也是好的。就像荣格说的，“去一个小溪中舀取一帽子的水”，只需要你弯一下腰那么简单。

对了，我还有一个很重要的发现，阳明说：“学问功夫只要主意头脑是当，若主意头脑专以致良知为事，则凡多闻多见，莫非致良知之功。盖日用之间，见闻酬酢，虽千头万绪，莫非良知之发用流行，除却见闻酬酢，亦无良知可致矣。故只是一事。”

这对我们现代人是非常有效的建议，只要把所有情景都当作修炼“致良知”的情景，再忙也可以修炼。“见闻酬酢，虽千头万绪，莫非良知之发用流行”，千头万绪之中，我们观察自己的心，太高远虚空的不适合当下，太名利场的则浸润太深，有所参与有所抽离，心会告诉你所有的气场流动，有时候，训练着，你就知道你见的人的底层配置系统了，你就能预测事物和人际的发展规律了。

出世之人再入世，他就有拥有至少三重世界看人的角度和境界傍身。

阳明说："每日工夫，先考德，次背书诵书，次习礼，或作课仿，次复诵书讲书，次歌诗。凡习礼歌诗之类，皆所以常存童子之心，使其乐习不倦，而无暇及于邪僻。教者知此，则知所施矣。虽然，此其大略也；神而明之，则存乎其人。"（《传习录》）

我们现代人观察古代人，总是会问，他们的一天是怎样的？其实我更关心的是如何活在当下的方式，以及方法。

心学把古代的一天思维都"拓"了下来。日用的操作步骤是：考德—背诵—习礼—课仿—诵讲—歌诗。简单转化一下：

每天先把自己的内心审视一遍，做到清澈明朗；

背诵是输入，学习外部知识，看各领域的书；

学习各种制度规范礼仪人际，研究人心、人性、人性、人生；

做课后练习，复盘，输出自己的理解，积累观点势能；

诵讲，注意此时不是背诵而是要表达自己了，写作演讲动能；

然后唱歌，保持童心、纯粹，就会乐学不倦……

不知道从哪天开始，我觉得心体点了灯，让输入输出不再有障碍。我的心学实验，就是每天凝练自己的核心，加强写作思想的深度。每天看一本书，去滋养自己、点燃自己，随后就悟道了水哲学和火哲学的融合。

阳明说："无知无不知，本体原是如此。譬如日未尝有心照物，而自无物不照。无照无不照，原是日的本体。良知本无知，今却要有知；本无不知，今却疑有不知，只是信不及耳！"（《传习录》）

太阳是那样绝对，它无物不照。出现太阳的时候，请召回所有力量，一照太阳，属于你的心力都归来。

《答潘叔恭》："学问根本在日用间，持敬集义工夫，直是要得念念省察。读书求义，乃其间之一事耳。旧来虽知此意，然于缓急之间，终是不觉有倒置处，误人不少。今方自悔耳！"

日用，念念省察，那你每一天，会有你的恒常、定力、健康、平安。

《与杨仕鸣》："日用讲求功夫，只是各依自家良知所及，自去其障，扩充以尽其本体，不可迁就气习以趋时好。”

日用，自己的心力，自己储备，自己察觉，自己去遮蔽去障碍，自己有自己的度。

（三）此亦是光，此心光明

此亦是光，此亦是光。

他喜欢神话伏羲时代、尧舜禹世界，所以他读的经典跟那个时代也强烈相关。自己喜欢什么，就去好好研究，会体会到至乐。

在龙场，他教书的地方叫龙岗书院，龙岗这个词，是“卧龙胜地”的意思。

他的客舍叫宾阳堂，宾阳的意思是迎接太阳，这是根据《书经》里的《尧典》取的，那里面写着的大意是："圣王命令二弟羲仲到阳谷居住，迎接太阳。"

他好喜欢这个阳字啊，不仅名字里有，还从中品味出更多含义。阳，是太阳，是光明，是善良，是开端，是吉祥，是昌盛。

他还给"阳"设置了仪式感，每天晨起拜日出，这并不是崇拜太阳，而是为了磨炼自己。

"用日常化无常"，其实就是每天有一件无论雨打风吹都坚持的事情。

阳明的这个行为，我称之为"太阳常"。崇拜自然，也是我们天生的信仰。

阳明心学的哲学起点是生死，重生之后的感觉，总是眼睛睁开，看见光。有时候哲学就是觉悟，悟了你就浑身上下闪着光了。

《阳明先生年谱》里说：

先生发舟广信，沿途诸生徐樾、张士贤、桂等请见，先生俱谢以兵事未暇，许回途相见。徐樾自贵溪追至余干，先生令登舟。樾方自白鹿洞打坐，有禅定意。先生目而得之，令举似。曰："不是。"已而稍变前语。又曰："不是。"已而更端。先生曰："近之矣。此体岂有方所，譬之此烛，光无不在，不可以烛上为光。"因指舟中曰："此亦是光，此亦是光。"直指出舟外水面曰："此亦是光。"樾领谢而别。

解释一下，阳明五十六岁的时候，从绍兴出发去广西。十月到了南昌，沿途的学生都想来拜见，他都以兵事忙之由婉拒，说在回来的途中相见吧。只有一个学生追过去了。人啊，其实都是可以自己突破的，你有心，就能见到你想见的人。

不带钩子、预期和执着的有心人，能够得到出乎意料的启发。

这个学生叫徐樾，从贵溪（今鹰潭东）追到余干（今上饶）。他说他在白鹿洞打坐，有了禅定，得了心学真谛，王阳明便让他举例说明。但是他举一个，就被阳明否决，又举一个又被否认。阳明说，近了近了，比如蜡烛的光是光，光无所不在，不仅在烛上。他指了指舟中空气，说这是光，这也是光，又向舟外水面指了指，这也是光。

只有你内心有光，才会觉得处处是光。只有你内心有光，才不需要依赖他人，羡慕他人的能量，链接他们的能量。

“先须识道后乃居山”，内心里有光，才能在外境里到处见光；了解了阳明的底层哲学和逻辑，再去看他的故居故句，才能看见光。

我们现在去很多他去过的地方，时过境迁，很多都修复过或者重建过。只有先知道他的核心思想，直接跟他的精神相接，先识道，再去现场感知，这样才会拨开所有的干扰，一超直入。

五十八岁回来的时候，死在舟上，唯一的遗憾是不能再继续和学生们一起做心学学问了，然后他说，此心光明。

复杂的人，都很纯粹，纯粹的人，才能如实接纳复杂。

如何产生新可能、新生机?

每个人的一天里都蕴含着新的生机，就看那一天是不是突然升起了某种活泼深刻的“意”，仿佛是从古来的知。

比如，死水一般的生活中，都是执念的自我封锁。我们每天解放自己一点点，就会有新可能。注意，我们有可以接近高古上古的本然能力，就是阳明说的羲皇世界、尧舜世界。

人海总是以某种方式自己统一了，用舍由时，行藏在我。除了财富和艺术的丰富感，我们找不到普通人生活里的相互启发。

我们应该允许自己更坦然和光明一点，活得更正更有特色一点。

普通人的力量少了，主要是普通人的感情需求变淡变稀了。不是因为冷漠，是感情在绩效社会没有价值和意义。感情的地位发生了重大的变化。

人天然的东西应该被唤醒。想要活得有点特色，情感应该先真、先善起来。

我们总是说活到一定岁数就什么都不想变了，看到的人群是灰色的，生活的起起伏伏好像也是正常的，谁的日子不是这样呢？世界变得扁平了。

好在有些人的存在就是搔人灵魂的。就像阳明说的痛痒——“自家痛痒，自家须会知得，自家须会搔摩得。既自知得痛痒，自家须不能不搔摩得。”

日常生活貌似平淡和琐碎，其实丰富宽广和激动人心，而且包罗万象。经历过万水千山，回归到日常生活，才是丰厚的。

终究人还是需要善得丰富，爱得丰富。

我们一起走的这心理文化之旅，其实是非常直接轻松的，因为王阳明的内心就是如此。向《荷马史诗》一样，没有晦暗、暧昧，不用猜，就像一条闪着光的河一样。

去追寻秩序、和平、光荣和真善，这些现实中越来越稀缺的东西，可以找到新的可能。虽然很多人已经不相信爱情，也断亲，认为此生只有靠自己，不再相信任何人，但活着总归是有可能性，存在于敞开的心胸里。

有时候，我们在很小的时候，就明确感到我们的自我是可以统一的，卢梭是跟他父亲通宵达旦读小说，王阳明是自己跟自己下棋。

所有的幽暗都会随着正义和利他真正的隽永和长久，真的，人是可以敞开心扉的。

马修·阿诺德说："文化不是一种占有，而是一种是和成为。"

其实王阳明就是一种"成为"，默念他，默念你想要的，就会实现新的可能，你有你的心能源。

转变不一定都是反方向，还有无数侧方向。生活的侧面是由多个意识或价值铺开的。你的底层逻辑已经构建好，你就会体会到上一层万事万物之间的链接的妙，无论悲喜，重新审视你所经历的一切，可能会有奇妙的新生。

图书在版编目（CIP）数据
阳明心能源 ： 三十岁后，还能做什么 / 水姐著.
上海 ： 东方出版中心，2024. 8 （2024. 9重印）.
ISBN 978-7-5473-2484-4
Ⅰ. B248.25
中国国家版本馆CIP数据核字第2024KY9043号

阳明心能源：三十岁后，还能做什么

著　　者　水　姐
统　　筹　刘佩英
责任编辑　张馨予
装帧设计　钟　颖

出 版 人　陈义望
出版发行　东方出版中心
地　　址　上海市仙霞路345号
邮政编码　200336
电　　话　021-62417400
印 刷 者　上海盛通时代印刷有限公司

开　　本　787mm × 1092mm　1/32
印　　张　12
字　　数　208千字
版　　次　2024年8月第1版
印　　次　2024年9月第2次印刷
定　　价　78.00元